《21世纪交通文化建设研究与实践》系列丛书

交通事业单位文化

徐世强　主　编
李和仁　徐　丽　副主编

人民交通出版社
China Communications Press

图书在版编目（CIP）数据

交通事业单位文化 / 徐世强主编. -- 北京 : 人民交通出版社, 2010.8
（21世纪交通文化建设研究与实践）
ISBN 978-7-114-08662-5

Ⅰ. ①交… Ⅱ. ①徐… Ⅲ. ①交通运输业—行政事业单位—文化—研究—中国 Ⅳ. ①D631.5

中国版本图书馆CIP数据核字(2010)第173683号

书　　名:《21世纪交通文化建设研究与实践》系列丛书
　　　　　交通事业单位文化
著 作 者:徐世强
文字编辑:马小奇
出版发行:人民交通出版社
地　　址:(100011)北京市朝阳区安定门外外馆斜街3号
网　　址:http://www.ccpress.com.cn
销售电话:(010)59757969、59757973
总 经 销:人民交通出版社发行部
经　　销:各地新华书店
印　　刷:北京盛通印刷股份有限公司
开　　本:787×980　1/16
印　　张:9.5
字　　数:168千
版　　次:2010年9月 第1版
印　　次:2010年9月 第1次印刷
书　　号:ISBN 978-7-114-08662-5
印　　数:0001-4000册
定　　价:40.00元
（如有印刷、装订质量问题的图书由本社负责调换）

交通文化建设研究工作指导委员会

交通文化建设研究工作联络组

《交通事业单位文化》编委会

课题研究单位　交通运输部规划研究院

课题协作单位　交通运输部科学研究院

交通运输部公路科学研究院

交通运输部水运科学研究院

中交公路规划设计院有限公司

中交水运规划设计院有限公司

支 持 单 位　陕西省交通运输厅

山东省交通运输厅

中国交通企业管理协会

总 序

国民之魂，文以化之；国家之神，文以铸之。“加强文化建设，明显提高全民族文明素质”，是党的十七大提出的实现全面建设小康社会奋斗目标的新要求。胡锦涛总书记在党的十七大报告中明确指出：“当今时代，文化越来越成为民族凝聚力和创造力的重要源泉、越来越成为综合国力竞争的重要因素，丰富精神文化生活越来越成为我国人民的热切愿望。要坚持社会主义先进文化前进方向，兴起社会主义文化建设新高潮，激发全民族文化创造活力，提高国家文化软实力，使人民基本文化权益得到更好保障，使社会文化生活更加丰富多彩，使人民精神风貌更加昂扬向上。”这不仅深刻阐明了兴起社会主义文化建设新高潮的重大现实意义和深远历史意义，更为新时期加强文化建设指明了方向和路径。

交通文化是社会主义先进文化的重要组成部分，是交通行业的灵魂，是实现交通又好又快发展的重要精神支柱。交通运输是支撑经济良性发展、促进社会全面进步的基础性、先导性产业和服务性行业，服务是其本质属性。基于这一认识，我们提出了“交通发展要服务国民经济和社会发展全局、服务社会主义新农村建设、服务人民群众安全便捷出行”，提出了“发展现代交通业，建设一个更安全、更通畅、更便捷、更经济、更可靠、更和谐的现代公路水路交通系统”。从文化的角度看，这也正是我们基于交通运输的本质属性和交通行业的神圣使命所作出的价值选择，是交通文化的核心内涵，是引导交通事业科学发展的价值导向，也是贯彻落实党的十七大关于加强社会主义文化建设的具体体现。

交通部党组高度重视文化建设工作。2006年全国交通工作会议明确提出：“努力建设具有鲜明行业特点和时代特征的交通文化，用文化和精神的力量凝聚全行业，使交通行业更加充满活力，不断开创交通事业发展的新局面。”2006年6月26日召开的全国交通行业精神文明建设工作会议更加明确地提出：“加强交通文化建设，努力增强行业软实力”，力争文化建设在今后五年内取得明显进展。随后，部印发了《交通文化建设实施纲要》，对交通文化建设的指导思想、目标任务、工作原则和工作措施作出了具体安排和部署。这是交通部颁布的第一个有关交通文化建设的重要文件，它强调新时期交通文化建设要深入贯彻科学发展观和构建社会主义和谐社会的要求，建设具有鲜明时代特点和交通行业特色的精神文化、制度文化和物质文化；要以实践社会主义荣辱观为主线，以弘扬爱国主义为核心的民族精神和以改革创新为核心的时代精神为重点，大力加强精神文化建设；要在实践中加强探索和研究，系统总结交通文化建设的丰硕成果，确立符合先进文化前进方向和交通事业发展要求的交通行业的核心价值体系；要实施“五个一工程”，即形成一批交通文化研究成果，提炼一种交通精神，征集确定一个交通行业徽标，创作一批交通文艺作品，完善一批交通博物馆，将全行业文化建设提高到一个新水平，全面增强交通文化的吸引力和感召力，不断增强交通行业的凝聚力，提升交通行业的影响力，提高交通发展的软实力，为交通事业又好又快发展营造良好的文化环境。

为全面深入推进交通文化建设工作，2006年11月部务会议研究决定成立了交通文化建设研究工作指导委员会，按照行业文化、系统文化、专业文化、组织文化四个层次，分别成立了交通行业文化建设研究总课题组和公路文化、道路运输文化、交通规费征稽文化、港口文化、海事文化、救捞文化、船检文化、航海文化、廉政文化、公路执法文化、长江航运文化、交通公安文化、路文化、桥文化、车文化、站文化、船文化、航标文化、航道文化、交通行政机关文化、交通企业文化和交通事业单位文化等22个子课题组，由行业内有一定研究基础、有积极性、有较好的支撑条件、具有代表性的部门或单位牵头，并邀请文化学、管理学、社会学等方面的专家学者共同参与，按照力求出精品的要求，系统地开展了交通文化研究工作。经过广大研究人员一年多的辛勤劳动和艰苦努力，研究工作进展顺利，取得了一批可喜的研究成果。出版这套多卷本的《21世纪交通文化建设研究与实践》系列丛书，是交通文化建设研究成果的重要组成部分。丛书从多个层面、多个领域系统地总结了交通文化源远流长的发展历史、积淀丰厚的特色文化、形式多样的实践活动、绚丽多彩的建设成果。“系统文化”侧重于交通行业不同系统的特色文化研究，重点提炼和阐述了各系统具有系统特色的价值理念；“专业文化”侧重于不同专业领域的特色文化研究，重点收集、挖掘和整理了交通行业物质文化成果；“组织文化”侧重于交通行业不同组织的特色文化研究，重点梳理、凝炼和展示了各类交通组织的特色价值理念、行为规范和形象标识。整个研究工作坚持以社会主义核心价值体系为指导，将“铺路石”、“航标灯”等交通行业传统精神与包起帆、许振超、陈刚毅等先进典型所展现的时代精神有机结合，在建设交通行业核心价值理念体系方面做了积极探索。

交通文化建设是一项长期性、系统性、复杂性的工作，既要整体部署，又要稳步推进。近年来，尤其是实施《交通文化建设实施纲要》以来，全行业日益重视交通文化建设，注重丰富交通发展的文化内涵，取得了一些有行业特点和时代特征的文化成果，涌现了青岛港、天津港等一批优秀企业文化建设单位和青岛交运集团“情满旅途”、南京长途汽车站“爱心始发站”等一批知名服务品牌，形成了南京交通局“交通文化通论”等一批理论研究成果。《21世纪交通文化建设研究与实践》系列丛书的出版发行，对于全国交通行业深入贯彻落实党的十七大精神，兴起交通文化建设新高潮，进一步提高交通行业凝聚力和战斗力，推动交通事业又好又快发展，切实做好“三个服务”，必将起到重要的推动作用。

交通部部长 李盛霖

二〇〇七年十二月十三日

导 论

交通为人员流动和物资流通提供基础条件，为人和物的空间位移提供运输服务，是支撑经济良性发展、促进社会全面进步的基础性产业和服务性行业。交通是一个古老而年轻的行业，自农业社会到工业社会以至信息社会，交通就一直伴随着人类文明的发展而演进，并构成人类文明的重要组成部分。中国是一个具有悠久历史的文明古国，在延绵数千年的文明进程中，曾造就了其他文明古国概莫能及的相对发达的交通体系；新中国成立后，中国交通事业进入一个崭新的发展阶段，经过近60年的建设尤其改革开放近30年的建设，交通发展在数量规模、质量水平和结构层次等方面都发生了翻天覆地的变化，取得了举世瞩目的成就，已跻身世界交通大国之列，正朝着世界交通强国迈进。中国交通发展的历史伟绩和现代成就为中华文明和世界文明做出了重大贡献，与此同时，在这个历经风雨的漫长岁月中，勤劳智慧的中华民族创造了与历史俱进、与时代同步的丰富多样、绚丽多彩的交通文化，为中华文化和世界文化的不断发展增添了更加丰富的内涵和更为亮丽的色彩。

一、交通文化的概念

理解交通文化的概念需先考查文化的概念。关于“文化”一词，长期以来，国内外一直没有形成统一的定义。但是，人们对文化内涵的解释还是存在共识，一般认为：文化是人类在社会历史发展过程中不断创造的各种精神财富、制度体系和物质财富的总和，其核心内容是人类创造各种精神财富、制度体系和物质财富所秉持的或反映出的价值理念。这是人们对社会主文化内涵所作的解释。基于这一认识，人们于是对隶属于社会主文化的各种亚文化的概念也做出了界定，如组织文化、系统文化和行业文化等。

交通文化也是隶属于社会主文化的一种亚文化，交通文化建设的理论渊源是文化人类学。对于交通文化的概念，可以根据社会主文化概念的核心内容和基本要素作出界定：交通文化是交通行业在长期的交通建设、运输和管理实践中逐步形成并不断发展的为广大交通员工所普遍认同并付诸实践的具有鲜明行业特点和时代特征的价值理念，是交通行业各种精神文化、制度文化和物质文化的总和，是交通发展的重要成果，是交通文明的重要结晶。其中，精神文化是交通行业的核心文化，是交通行业纲领性的核心思想，是指导交通发展的核心价值；制度文化是交通行业的浅层文化，是交通行业制定并执行办事规程、道德规范和行为准则所秉承的价值理念；物质文化是交通行业的表层文化，是交通行业生产物质实体、展现外在形象所秉承的价值理念。对于这一概念，可从以下角度进一步理解其内涵：

交通文化的核心内容是价值理念。价值理念属于意识形态或思想认识范畴，体现为交通行业对交通发展所秉持的态度、所采取的方式和所表现的行为，为交通发展所倡导的精神、所制定的规范和所树立的形象，这些态度、方式和行为都自觉或不自觉地反映了交通行业所秉承的价值理念，从而形成了交通文化。

交通文化的本质要求是强调实践。交通文化是交通行业普遍认同并付诸实践的价值理念，其突出强调价值理念的实践性，强调所倡导的价值理念要得到普遍认同和真正落实，要使之内化于心、固化于制、外化于形，从而在交通建设、运输和管理实践中发挥出实际的作用，为交通发展提供精神动力、制度保障和物质基础。

交通文化的层次定位是行业文化。从价值理念的从属主体来看，有国家的、民族的、组织的和个人的价值理念等，交通文化则属于整个交通行业的价值理念。因此，交通文化是对整个交通行业各部门、各单位价值理念的提炼与整合，代表了交通行业从业人员的主流思想，代表了整个行业广泛认同和普遍接受的价值理念。

交通文化的鲜明个性是交通特色。交通文化是交通行业的特色文化。各个行业的特色文化在其形成和发展过程中，虽然受到整个国家、民族的价值理念的影响，但各个行业生产特征、服务要求和管理模式存在很大差异，其价值取向也必然存在较大差异。交通作为经济社会发展的基础性产业和服务性行业，其所秉承的价值理念自然也有别于其他行业，从而有其自身鲜明的个性特色。

二、交通文化的特点

不同行业有其各自的结构形态和嬗变沿革，以及不同的静态表征和动态特征，因而体现出与之相对应的文化体系特点。从这方面考察，交通文化具有多样性、层次性、传承性、时代性等突出特点。

交通文化的多样性。交通行业由多个系统、多种专业、多种组织构成。从职能范围看，交通行业主要有公路建设与管理、道路运输、规费征稽、港口、航运、海事、救捞、船检、公安等系统；从专业性质看，交通行业主要有公路、桥梁、车辆、站场、船舶、航标、航道等专业领域；从组织性质看，交通行业主要有行政机关、执法单位、交通企业和事业单位等组织。不同的系统、专业、组织都有其自身的生产特征、服务要求和管理模式，因而具有不尽相同的价值理念，从而形成了文化的多样性。交通文化的多样性，要求交通文化建设要充分考虑不同文化价值理念的个性与共性，整个行业的文化建设在价值理念的提炼和价值体系的整合上要兼收并蓄、博采众长，从而形成能为整个行业广泛认同并普遍接受的价值理念。

交通文化的层次性。按照交通行业的职能、专业和组织等分类，可将交通文化细分为交通系统文化、交通专业文化和交通组织文化，各组成部分按照某种秩序有机结合，呈现出一定的层次性。其中，行业文化是一个面，系统文化是一条线，组织文化是一个点，专业文化则可看作对系统文化的细分，因为公路、桥梁、车辆、站场、船舶、航标和航道等是隶属于各交通系统的物质实体。整个交通文化体系因此呈现出一种“点-线-面”式的层次特征。各层次文化所秉承的价值理念具有内在的联系，一般来说，上层文化价值理念是对下层文化价值理念的归纳，上层文化更为抽象，下层文化更为具体。交通文化的层次性，要求提炼、整合交通行业的价值理念要自下而上、由点到面，逐层归纳，从而形成具有深厚基础的价值理念。

交通文化的传承性。交通文化形成于交通发展的实践，并随着交通的发展而发展。交通发展过程就是交通文化形成的过程，交通发展的历史沿革就是交通文化的传承沿革。交通发展在不同时期面临着不同的发展任务和发展条件，因而有着不同的价值理念和文化内涵。传承是发展的基础。交通文化的传承性，要求用历史唯物主义和辩证唯物主义的观点和方法去认识交通文化，从源远流长、积淀丰厚的发展历史中发掘、提炼交通文化的价值理念元素，充分吸收传统文化的合理成分，进而将交通行业优良的传统文化发扬光大。

交通文化的时代性。中国乃至世界交通发展都已进入新的阶段，快速推进中的中国交通现代化要求坚持科学的价值理念，发展先进的交通文化，以此促进交通事业又好又快发展。因此，建设交通文化，必须坚持先进文化前进方向，在传承交通传统文化的基础上，充分融入现代意识，不断丰富和发展其科学内涵，确立具有时代特征的价值理念，发展具有现代意识的物质文化、制度文化和精神文化体系。

三、交通文化的功能

交通文化的作用集中体现在“内聚人心、外塑形象”两个方面，具有凝聚、导向、激励、约束、外塑和辐射等基本功能。认识这些基本功能，是认识交通文化的建设目的与建设意义的基础。

交通文化的凝聚功能。交通文化所倡导的价值理念一旦为整体行业认同并接受，就成了千百万从业人员共同的理想与追求，进而以其强大的粘合力，从各个方面将整个行业及其成员聚合起来，形成巨大的向心力和凝聚力，形成强烈的集体意识与团队精神，为实现共同的理想与追求而齐心协力、共同奋斗。

交通文化的导向功能。交通文化所倡导的价值理念是整个行业的共同理想和共同追求的集中反映，代表了千百万交通人的主流思想和主流意识。这种共同的理想和追求，通过教育和灌输，会引导行业的个体与群体在思想、观念上做出调整，使其与整个行业所确立的价值取向保持一致，从而起到一种导向作用。

交通文化的激励功能。交通文化建设的核心要旨是以人为本、以文化人，强调确立共同的理想、营造和谐的氛围。这些都有利于增强各部门、各单位干部职工的使命感和责任感，激发干部职工的积极性和创造性，使广大干部职工乐于参与交通建设，乐于发挥聪明才智，为实现共同理想、实现自身价值而做出努力。

交通文化的约束功能。交通文化一旦形成，就建立了自身系统的价值理念，就为行业整体及其成员明确了价值取向，同时也确立了道德规范和行为准则，从而对行业整体及其成员起到一种约束作用。但是，这种约束具有自觉性，是一种软约束，这种软约束产生于整个行业的文化氛围，使各个成员产生共鸣，继而达到自我控制。

交通文化的外塑功能。交通行业特色文化所倡导并实践的价值理念是交通行业的旗帜，旗帜就是形象，这种形象包括理念形象、行为形象和视觉形象。这些形象是社会公众了解和评价交通行业的标志和表征。因此，交通文化具有外塑形象的重要功能。

交通文化的辐射功能。交通文化的辐射功能主要体现在所倡导并实践的价值理念通过外化而为广大社会公众所了解、所感受，会影响整个社会价值理念的形成与发展，从而使交通文化成为社会主文化的生长点和贡献源，为社会主义文化大发展、大繁荣做出贡献。

四、交通文化的载体

凡文化均有其价值理念的承载体或附着体。人类通过劳动创造文化。人类的劳动作用于自然形成物质文化，作用于社会形成制度文化，作用于人类自身形成精神文化。交通文化的载体主要包括主体载体、组织载体、制度载体和物质载体等。从根本上说，建设交通文化就是建设和优化这些载体。

主体载体。交通行业从业人员是交通行业的主体，自然也是交通文化的主体。交通行业从业人员既是交通行业价值理念的倡导者和实践者，也是交通行业价值理念的承载者和传播者。交通文化说到底是交通人的文化，是交通人的思想意识和价值取向。建设交通文化，要注重人的决定性因素，突出人的主体性地位，一是注重发掘广大从业人员的价值理念元素，确立具有深厚群众基础的价值理念体系；二是注重依靠广大从业人员建设交通文化，践行价值理念；三是注重通过文化建设来提升广大从业人员的综合素养，运用文化的力量来增强从业人员的凝聚力和向心力，激发交通从业人员的积极性和创造性。

组织载体。交通行业的行政机关、事业单位和交通企业等各种组织，既是交通行业的基本单元，也是交通文化建设的基本单元。这些组织作为交通文化的载体，与文化的内在联系主要体现在以下几个方面：一是组织内涵反映组织文化的性质。组织内部共同的目标追求、一致的价值取向、和谐的分工合作都是文化使然，其既是文化作用的结果，也是文化自身的表征。二是组织结构体现组织文化的个性。组织结构决定了组织内部的职责关系，其选择和形成受到组织文化的影响，并反作用于组织文化，从而使得不同的组织结构体现出不同的文化个性。三是组织功能体现组织文化的要求。组织的功能主要体现在整合人力资源、规范人的行为、满足人的需要，从而履行组织使命，实现组织目标，这些功能和作用与组织文化的功能和作用是一致的，正好体现了组织文化建设的目的和要求。建设交通文化，要求将组织建设作为重点内容，着力提升组织管理理念，改进组织管理方式，按照科学管理、规范管理的要求，优化组织的内部结构与协作关系。

制度载体。制度是要求组织成员共同遵守的办事规程、道德规范和行为准则。组织制度和组织文化之间关系十分密切。一方面，组织文化是组织制度制定与执行的重要决定因素，影响着组织制度的形成及其功效的发挥。组织制度是组织文化的产物，组织制度所具有的规范约束和激励作用等本身就体现了组织文化建设的直接目的和内在要求。这样，组织制度就成为了组织文化的重要载体，组织制定并执行各种办事规程、道德规范和行为准则都反映了组织文化所倡导的价值理念。另一方面，组织制度对组织文化的形成和发展也具有重要影响，有什么样的组织制度也必然会使组织成员表现出相应的处事态度和行为方式，从而营造相应的组织氛围、孕育相应的组织文化。建设交通文化，要求将制度建设作为重点内容，按照以人为本、科学管理的要求，以实现员工价值、规范员工行为为价值取向，着力健全组织内部的管理制度，推进制度创新与制度变革。

物质载体。物质载体是反映交通文化特色内容的重要载体和交通文化先进程度的重要标志。交通文化的物质载体主要包括以下几类：一是交通行业的生产资料，包括基础设施、运输装备及其支持保障系统，如公路、桥梁、车站、港口、航道、航标、车辆和船舶，办公场所、生产车间和服务场所等，这是交通生产力的物质基础，其外形特征、结构特点、技术价值、美学价值、历史价值、民族特色、地域特征、人文内涵及其社会经济意义等，是交通文明的重要标志，也是交通文化的重要特色所在。二是交通行业的形象标识，如各系统、部门和组织的徽标、着装和歌曲等，这也是交通文化的可感知性象征物，充分体现了交通文化的个性和风格。三是交通行业各种组织保障员工基本权益、提升员工综合素养的各种实体手段，如保健、卫生和安全等设施，技术培训、职业教育和文化教育等文化设施，这些也都充分体现了交通文化的个性和风格。建设交通文化，要求将物质载体建设作为重点内容，既要着力保证物质实体的经济社会意义，也要着意丰富物质实体的技术价值、美学价值、历史价值、民族特色、地域特征和人文内涵，着力提升交通行业的外在形象。

五、交通行业的价值体系

交通文化建设坚持社会主义先进文化前进方向，用马克思主义中国化最新成果武装和教育广大干部职工，用中国特色社会主义共同理想凝聚力量，用以爱国主义为核心的民族精神和以改革创新为核心的时代精神鼓舞斗志，用社会主义荣辱观引领风尚。经过长期的探索与实践，交通行业逐步形成了具有鲜明行业特色和时代特征的交通精神文化、制度文化和物质文化，形成了实践证明对于引导交通事业快速发展、科学发展、和谐发展具有重要指导作用的价值体系。

（一）行业使命：发展现代交通，做好“三个服务”

发展现代交通，促进民富国强，是国家和人民赋予交通行业的神圣使命。交通是支撑经济良性发展、促进社会全面进步的基础性产业和服务性行业，是促进经济增长、优化产业布局、改善人民生活、保障国家安全、维护社会稳定的基础条件和重要依托。交通发展的主要任务是发展现代交通业、实现交通现代化，根本目的是促进人民富裕、实现国家强盛。在目前及今后相当长时期内，交通行业围绕履行这一使命，必须把握世界交通发展的总体趋势和我国交通发展的阶段特征，着力调整交通结构、转变发展方式、推进自主创新、完善行业管理，加快推进交通由传统产业向现代服务业转型，努力提高做好“三个服务”（服务国民经济和社会发展全局，服务社会主义新农村建设，服务人民群众安全便捷出行）的能力和水平。

（二）共同愿景：建设一个更安全、更通畅、更便捷、更经济、更可靠、更和谐的现代化公路水路交通运输系统，实现人便于行、货畅其流，让人们享受高品质

的运输服务，让经济社会发展更加充满活力，让交通与自然、交通与社会更加和谐。

交通行业致力于建设一个更安全、更通畅、更便捷、更经济、更可靠、更和谐的现代化公路水路交通运输系统，体现了交通行业基于自身使命而对未来交通发展愿望与发展前景的美好憧憬，对未来交通发展目标与发展效果的理想追求，是交通行业重要的价值取向。为实现这一愿景，一代代交通人前赴后继，作出了艰苦卓绝的不懈努力，取得了举世瞩目的巨大成就，交通事业各个方面不断地实现了历史性突破和跨越式发展。目前，公路主骨架、水运主通道、港站主枢纽和支持保障系统建设全面推进，高速公路、特大桥梁、长大隧道和专业码头建设快速发展，万车竞发、百舸争流的繁荣景象已经初步形成，货畅其流、人便于行的良好效果已经日益显现，现代化公路水路交通运输系统已经初具规模，更加宏伟的发展目标正在又好又快地大力推进之中，交通发展的美好愿景必将成为现实。

（三）交通精神：艰苦奋斗、勇于创新，不畏风险、默默奉献

交通精神是民族精神和时代精神在交通实践中的生动体现，是对交通行业先进典型精神内核的高度概括，是交通行业广大从业人员共同创造的精神财富，是交通行业履行自身使命、实现共同愿景的强大动力，代表了交通行业广大从业人员的思想意志和精神风貌。交通精神的核心要素是“艰苦奋斗、勇于创新，不畏风险、默默奉献”。

艰苦奋斗是交通行业的优良传统。立足我国建设任务繁重、经济基础薄弱的基本国情，交通行业各条战线广大员工，本着高度的使命感和责任感，始终保持勤俭节约、艰苦朴素、拼搏进取、努力奋斗的优良传统，大力推进我国的现代化交通建设，确保交通发展的质量、效益和效率，创造了无数可圈可点的光辉业绩，涌现了以“一代人要有一代人的作为、一代人要有一代人的贡献、一代人要有一代人的牺牲”的“青岛港精神”，“胸怀祖国、热爱边疆的爱国精神，刻苦钻研、勤奋好学的进取精神，不懈探索、敢于突破的创新精神，恪尽职守、忘我工作的敬业精神，淡泊名利、清正廉洁的自律精神，生命不息、奋斗不止的拼搏精神”这一“刚毅精神”，以及“勇闯新路、改革进取的精神，干字当头、艰苦奋斗的精神，遵纪守法、诚实劳动的精神，领导干部以身作则、吃苦在前、享受在后的精神”这一“华铜海精神”等为代表的彰显艰苦奋斗精神的先进典型。

勇于创新是交通行业的时代追求。锐意进取、勇于创新，是交通行业在长期的改革与发展实践中不断适应新的形势变化和发展要求，有效解决突出矛盾和问题，不断取得重大进展与突破的成功经验。长期以来，交通行业抓住机遇、与时俱进，

注重理念创新、科技创新、体制机制创新和政策创新，为实现交通事业又好又快发展提供不竭动力，涌现了以“报效祖国，服务人民的主人翁精神，立足本职、追求卓越的敬业精神，求真务实、勇攀高峰的科学精神，锲而不舍、勇于拼搏的进取精神，团结协作、淡泊名利的团队精神”这一“起帆精神”，“爱岗敬业、无私奉献的主人翁精神，艰苦奋斗、努力开拓的拼搏精神，与时俱进、争创一流的创新精神，团结协作、互相关爱的团队精神”这一“振超精神”，“恪尽职守、忘我工作的敬业精神，立足岗位、刻苦自励的拼搏精神，敢为人先、勇攀高峰的创新精神，凝心聚力、团结协作的团队精神”这一“孔祥瑞精神”，以及“凝心聚力的和谐意识，拼搏奉献的创业精神，敢为人先的创新精神，追求卓越的创优精神”这一“润阳大桥精神”等为代表的凸显勇于创新精神的先进典型。

不畏风险是交通行业的突出意志。交通建设逢山开路、遇水架桥，车辆行驶于陡峭险峻的群山之间，船舶航行于风急浪高的水面之上，无不存在一定风险，正所谓“行船走马三分险”。长期以来，中国航海者面对风浪惊涛的海洋环境和突如其来的各种困难，总是勇往直前、镇静应对、精诚协作，圆满完成国家和人民交付的各项运输任务，彰显了“乘风破浪、不畏艰险、同舟共济”的“航海精神”。尤其，在发生海上安全事故的情形下，我国海上搜救队伍更是凭藉精湛的技能和过人的胆略，不顾个人安危，及时赶赴现场，全力施行搜救，确保人民生命与财产安全，凸显了“把生的希望送给别人、把死的危险留给自己”的“救捞精神”，是交通行业坚强意志力和大无畏精神的突出体现。

默默奉献是交通行业的真情付出。我国公路水路交通建设、运输和管理大多是在气候恶劣、地形复杂、人烟稀少的特殊条件下展开的，广大交通建设、运输和管理人员，无数的铺路工、养路工和航标工，寒来暑往、经年累月，不顾风吹雨打、不计名利得失，在平凡的岗位上、在艰苦的条件下，恪尽职守、真诚奉献，用宝贵的青春和人生，铺就了无数大道、送去了万家温暖、确保了万家平安，留下了无数可歌可泣的感人事迹，涌现了以“为人民服务到白头”的“小扁担精神”，“爱岗敬业、默默奉献”的“铺路石精神”，“燃烧自己、照亮别人、奉献社会”的“航标灯精神”，“尚法弘德，为民负责，执法为民，服务社会”的“海事精神”，以及“尽职在岗、奉献在船”的“孙彪精神”等为代表的凸显默默奉献精神的先进典型。

（四）职业道德：爱岗敬业、诚实守信、服务群众、奉献社会

交通行业开展职业道德建设，坚持用社会主义荣辱观引领风尚，按照《公民道德建设实施纲要》的要求，大力倡导并努力践行以“爱岗敬业、诚实守信、服务群

众、奉献社会”为主要内容的职业道德，为交通事业又好又快发展提供有力的制度保障。

爱岗敬业是职业道德的基础。爱岗敬业要求从业人员干一行、爱一行、精一行。交通行业为全社会提供交通基础设施和客货运输服务，交通工程建设关乎百年发展大计，客货运输服务涉及广大公众利益，从业人员首先要热爱本职工作、履行岗位职责，要结合岗位需要、立足岗位工作，加强业务学习、注重实践锻炼，不断提高个人综合素质，在工作中恪尽职守、精益求精，为保证工程建设和运输服务质量作出自己应有的贡献。

诚实守信是职业道德的精髓。诚实守信要求从业人员做到诚实、诚恳，讲信义、守信用。交通行业倡导并实践诚实守信的职业道德，要着眼于切实解决交通、运输和管理中群众反映强烈、社会危害严重的突出问题，健全诚信机制，开展诚信教育，强化诚信意识，进一步推进“共铸诚信交通”实践活动，做负责任的行业、负责任的部门、负责任的岗位，努力提高整个行业的公信力和信誉度。

服务群众是职业道德的更高要求。交通行业本身是服务性行业，服务是交通的本质属性，做好服务是交通发展的突出主题。交通行业各部门、各单位广大员工要着力增强服务意识，努力提高做好服务的能力和水平。要继续开展文明行业、文明单位、示范窗口建设活动，大力推行热情服务、周到服务、规范服务，为人民群众提供更加安全、便捷、高效的优质服务。

奉献社会是职业道德的最高境界。交通作为经济社会发展的基础性产业和服务性行业，与社会生产和社会生活的各个方面息息相关，广大从业人员要将奉献社会作为职业道德建设的出发点和归宿，立足各自的本职工作，以宽广的胸襟和坦荡的胸怀，以自己的才华和汗水真情地反哺于人民、回馈于社会，在奉献中实现自我、发展自我。

六、交通文化建设的现实意义

大力推进交通文化建设，是交通行业深入贯彻落实科学发展观，促进交通事业全面发展的重要方面。党的十七大报告指出：深入贯彻落实科学发展观，要按照中国特色社会主义事业总体布局，全面推进经济建设、政治建设、文化建设、社会建设，促进现代化建设各个环节、各个方面相协调；推动社会主义文化大发展大繁荣，要坚持社会主义先进文化前进方向，兴起社会主义文化建设新高潮，提高国家文化软实力。大力推进交通文化建设，就是要确立符合先进文化前进方向和交通事业发展要求，具有鲜明行业特点和时代特征的价值体系，并付诸交通发展实践，提升交通文化软实力，为实现交通又好又快发展提供精神动力、制度保障和物质基础。

建设交通文化有利于确立共同理想，树立共同目标，进一步增强发展现代交通的使命感和责任感。理想就是信念，理想就是旗帜。交通文化建设大力倡导并努力践行建设一个更安全、更通畅、更便捷、更经济、更可靠、更和谐的现代化公路水路交通运输系统，致力促进人民富裕、实现国家强盛，这些核心价值一旦为交通行业各部门、各单位干部职工所接受，就成了广大交通员工共同的理想和信念，成了统一干部职工思想认识的旗帜和标杆，进而增强广大交通员工的使命感和责任感，引领广大交通员工为发展现代交通、促进民富国强而自强不息、奋斗不止。

建设交通文化有利于继承优良传统，弘扬时代精神，进一步提高做好“三个服务”的能力和水平。交通精神是交通行业的灵魂。交通文化建设大力倡导并努力践行以“艰苦奋斗、默默奉献、不畏风险、勇于创新”为核心要素的交通精神，是交通行业继承优良传统、体现时代要求，努力做好“三个服务”的精神追求和强大动力。建设交通文化，弘扬交通精神，就是要宣传先进典型，弘扬浩然正气，以此激发广大交通员工的积极性和创造性，使之成为不断提高做好“三个服务”的能力和水平的强大动力。

建设交通文化有利于凝聚行业力量，提升行业形象，进一步增强构建和谐交通的凝聚力和影响力。交通文化建设按照以人为本的核心要旨，在精神文化、制度文化和物质文化等各个层面，大力倡导并努力践行交通发展的事业追求和社会责任，努力实现好、维护好、发展好用户利益、公众利益、员工利益。这些价值取向，既是一种宣示，更是一种承诺，其所体现的人本主义和人文关怀，有利于改善交通行业的内在氛围、提升交通行业的外在形象，改善行业内外的关系，提高交通行业的凝聚力和影响力，从而提升交通发展的软实力，促进交通事业又好又快发展。

（执笔人：王先进　刘为民　顾枫　李春　樊东方　毕仁忠　邱曼丽　刘利　张榕榕）

前 言

事业单位是中国特色的组织机构，交通事业单位从中华人民共和国成立的那一天起就开始存在。在共和国的历史进程中，交通事业单位的发展同国家经济的发展，交通行业的发展紧密相连。交通事业单位为国家和行业的发展做出巨大贡献。

建国初期交通行业基本上是政事、政企合一的组织机构，交通事业单位只是到了改革开放时期才有明确的界定。1998年4月国务院发布了《事业单位登记管理暂行条例》，定性事业单位指“国家为了社会公益目的，从事教育、科技、文化、卫生等活动的社会服务组织。”这是国家以法规的形式对事业单位概念和性质所做的明确表述。

交通事业单位从其分类来说比较多，如执法、管理类的事业单位；科教类的事业单位；服务类的事业单位。但是为交通行业提供科技保障和智力支持，为交通基础服务的单位，按照国务院《事业单位登记管理条例》规定才是交通事业单位的主体。因此，本书主要从为交通行业提供科技保障和智力支持、为交通基础服务的事业单位的文化建设实践着手，来研究交通事业单位文化。又因为在交通行业文化建设中，执法管理和有关服务类的事业单位已有专题的文化建设研究，已经形成了很多成果和专著，所以本书不再重复研究和描述。

交通行政、交通事业、交通企业是构成交通行业的三大板块。交通事业单位作为交通行业的一个构成部分其文化特征除自身的个性化特征外，其共有特征和交通行业的总体文化特征是一致的，这是本书编写的一个基本原则。

本书从交通事业单位文化建设的背景、内容、方法、要素和核心价值体系以及交通事业单位的文化建设成果与案例来编写，充分体现了交通事业单位文化建设的特性。

交通事业单位在交通行业发展过程中，所起的重要作用和所做的巨大贡献是客观存在的。这种作用、贡献是和事业单位的文化建设相关的。“为发展现代交通运输业提供科技保障和智力支持”的使命；“引领现代交通运输发展，打造国际一流创新基地”的愿景；“求是、创新、拼搏、奉献”的精神；“崇尚科学、敬业守信、追求卓越、服务行业”的职业道德，正是这些交通事业的文化核心价值理念影响了一代又一代的交通事业人，并创造了中国路、桥、港口、航运多项世界第一、亚洲第一。实现了交通事业单位又好又快的发展。

尽管《交通事业单位文化》一书还存在不足，但本书客观地反映了交通事业文化建设的实际，准确地提炼了交通事业单位文化的核心价值理念，对交通事业单位文化建设是很有价值和意义的。我们相信《交通事业单位文化》专著会成为交通事业单位文化建设的重要参考文献。

交通事业单位文化研究课题组

目　录

第一章　交通事业单位概论

一、交通事业单位发展历史沿革

（一）事业单位发展历程

事业单位是一个有中国特色的概念。在国外，类似于事业单位的机构，或相对于政府机构而言，称之为“非政府组织”（NGO）；或相对于企业而言，称之为“非营利机构”（NPO）。

事业单位是指国家为了社会公益目的，由国家机关举办或者其他组织利用国有资产举办的，从事教育、科技、文化、卫生等活动的社会服务组织。

事业单位的发展历程大致可分为以下四个阶段：

第一阶段，1963年发布的《国务院关于编制管理的暂行规定》将国家编制划分为行政、事业、企业三种，规定“凡是为国家创造或者改善生产条件，促进社会福利，满足人民文化、教育、卫生等需要，其经费由国家事业费内开支的单位均为事业编制”。

第二阶段，1984年国务院在相关文件中规定了凡是为国家创造或者改善生产条件，从事为国民经济、人民文化生活、增进社会福利等项服务活动，不是以为国家积累资金为直接目的的单位，可定为事业单位，使用事业编制。

第三阶段，1990年国家统计局、人事部、劳动部、国家计委联合发布的《关于在劳动计划和统计中划分企业、事业、机关单位的暂行规定》中规定，企业、事业、机关的划分应以独立核算单位作为划分的基本单位。独立核算单位的条件是：行政上有独立的组织形式，具有法人资格；会计上独立核算盈亏，独立编制奖金平衡表或财务预算、决算表；有权与其他单位签订合同，并在银行设有独立户头。并规定，事业单位指“从事为生产和生活服务以及为提高人民科学、文化水平和素质服务的独立核算单位”。此时的事业单位有权引入外部资金，能够独立运作，参与市场竞争，事业单位企业管理的特点已经初显，部分事业单位允许实行企业化管理。

第四阶段，1998年国务院发布的《事业单位登记管理暂行条例》，社会主义市场经济历史条件下的事业单位的概念与范围进一步加以明确。即本条例所称事业单位是指“国家为了社会公益目的，由国家机关举办或者其他组织利用国有资产举办的，从事教育、科技、文化、卫生等活动的社会服务组织”。

（二）交通事业单位发展历程

交通事业单位是交通行业的一个重要组成部分，其发展历程大致可以分为以下四个阶段。

第一阶段，1949年10月，中央人民政府委员会第三次会议正式任命章伯钧为交通部部长，10月31日，毛泽东主席颁发交通部一枚铜质印章，11月1日，交通部正式开始办公。建国初期的中国正处于百废待兴时期，那时的交通部是以恢复生产建设为主，是行政、事业、企业统一的管理体制，没有独立的事业单位出现。

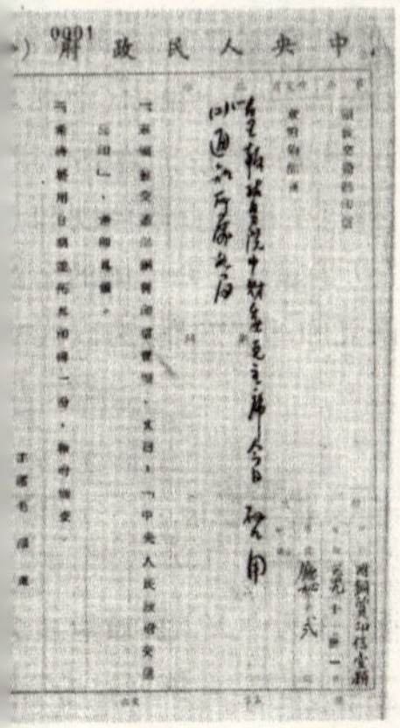

第二阶段，1956年10月，党中央国务院做出《改进国家行政体制的决议》，明确了中央与地方对交通事业、企业实行分工管理，这个时期的交通行业实行政事、政企分开，但事业单位没有从交通行政体制分离出来，部分企业也承担着交通事业职能。

国防公路和重要经济公路干线，由交通部修建。地方道路的修建，所有公路和地方道路的管理养护，都由地方负责。汽车运输和它的附属企业的经营管理，兽力车及其他民间运输业的组织管理和社会主义改造，都由地方负责。

流经两省以上的并对国民经济有重大作用的主要内河干线运输，由交通部统一经营管理或委托地方管理；主要运河的开发由交通部负责；长江干线地方性的区间运输，地方内河航道的开发、疏浚，地方内河运输和它的附属企业的经营，木帆船运输业的管理和社会主义改造，都由地方负责。

远洋运输、沿海远程运输，具有国际性的和全国性的沿海较大港口（部分港口可以委托地方管理）载重千吨级以上的海轮、外轮进出口业务，港口的建设维护，航道（包括港区河道）的疏浚，由交通部统一经营管理；但有关港区规划和建设事项，应该事先征求地方意见。关于码头仓库和装卸劳动力的调剂，以及月度运输计划的审核平衡等工作，都应该由地方负责管理。主要为地区经济服务的海港，载重千吨级以下的海轮，沿海短程运输，由地方经营管理。沿海木帆船运输业的管理和社会主义改造由地方负责。

第三阶段，1982年1月，国务院关于机构改革的决议中明确国务院机构改革的重点是：适应工作重点转移，提高政府工作效率。

1988年3月，国务院的改革方案明确提出改革的任务是进一步转变职能，理顺关系，精简机构和人员，提高行政效率，逐步建立符合现代化管理要求的具有中国特色的功能齐全、结构合理、运转协调、灵活高效的行政管理体制。

通过这两次改革，交通事业单位的体制得以明确，管理方式也逐步确定，交通事业单位从交通行政体制中分离出来，企业也不再承担事业单位的职能，交通事业单位的发展迈上了一个新的台阶。

第四阶段，2000年10月，交通部所属各科研机构按照《国务院办公厅转发科技部等部门关于深化科研机构管理体制改革实施意见的通知》(国办发[2000]38号)的要求，交通部所属的各科研机构以新的机制和管理体制开始运行。为了进一步促进交通事业单位的发展，为交通行业提供更好的服务，引进市场机制，部分事业单位采取了纳入了大型企业集团进行管理，比如交通部重庆公路科学研究所进入招商集团有限公司，天津港湾工程研究所进入中国港湾建筑(集团)总公司，交通部第二航务工程局科学研究所进入中国港湾建筑(集团)总公司，长江航运科学研究所进入中国长江航运(集团)总公司，交通部计算机应用研究所进入中国路桥(集团)总公司等，这些单位保留原来的事业单位体制与性质。而事关国民经济发展的、交通行业建设大局的基础性、公益性的事业单位，仍然保留独立的交通事业单位体制，比如交通部科学研究院、交通部规划研究院、交通部公路科学研究院等单位。

二、交通事业单位主要功能和成效

交通事业单位的特征体现了交通行业发展的特征，而交通行业是国民经济发展的基础性、公益性产业和重要的社会服务部门，因此交通行业的演变也体现了交通行业发展的特征。由于交通行业在任何国家都属于政府范畴，需要政府投入，公益性强，社会服务性强，与群众密切相关，而交通事业单位为交通行业提供智力支持和科技保障，充分体现了交通行业的特征。

（一）交通事业单位的主要功能

1. 支撑交通基础设施建设，扩充运输能力

未来20年运输需求总量将成倍增长，扩充能力仍是交通发展的重点。实施国家高速公路网规划、农村公路规划、沿海港口建设规划和内河航道规划等，基础设施建设任务将十分艰巨。跨江跨海通道工程、离岸深水港航工程、特殊地质条件下的公路工程等重大工程项目建设环境恶劣，难度大，所需的关键技术亟待攻克。同时，随着交通网络的扩展，养护问题日渐突出，危旧桥改造工作更加繁重。保障网络畅通、降低养护成本是未来交通发展面临的重大挑战。为此，需要不断开发应用新技术、新材料、新工艺和新结构，依靠科技进步，保障交通基础设施建设发展，提高建养品质和耐久性，降低全寿命成本。

2. 提高交通网络利用效率，保障运输供给

社会经济快速发展产生的巨大交通需求与交通供给能力不足是我国未来交通发展的主要矛盾。要缓解并最终解决这一矛盾，既要扩充网络的规模，更要提高网络的利用效率。因此，公路、水路交通要采用现代管理技术、决策支持技术、信息网络技术等，全面提高运营管理水平，充分挖掘现有交通网络潜能，最大限度提高利用效率，增进交通网络的可靠性，保障交通运输供给，实现公路、水路交通质量型、效益型的新的跨越式发展。

3. 促进多种运输方式协调发展，改善运输服务

改革开放以来，我国各种运输方式都得到较快发展，但是构建综合交通体系的进程缓慢，各种运输方式缺乏有效衔接和统筹协调，整体服务效率不高。因此，要充分利用现代物流技术、集装箱多式联运技术和标准化技术，优化网络布局，协调组织管理，完善标准体系，建立信息共享平台，实现不同运输方式之间的高效协同，逐步达到无缝衔接和零换乘，提高运输效率，改善服务质量，满足不断增长的更高的社会运输需求。

4. 增强交通出行安全保障，提高运输品质

随着运输工具和交通出行的高速增长，由交通事故造成的人员伤害和经济损失明显增多，人们安全、便捷、经济、舒适的出行需求与交通事故居高不下的矛盾将更加突出，运输安全问题备受关注，成为交通新的跨越式发展面临的又一重大挑战。对此，除了强化交通安全法规和人员培训外，要采用主动和被动安全技术、智能车辆和船舶、实时交通监控技术等现代交通安全技术，建立快速应急反应系统，大大改进交通系统的安全性。

5. 推动资源节约型和环境友好型行业建设，实现交通可持续发展

实现交通运输的可持续发展，是新时期贯彻落实科学发展观的必然要求。我国资源相对短缺，生态环境比较脆弱，交通发展要占用一定的土地和岸线资源，消耗大量能源，面临着日益严峻的资源与环境约束。因此，要树立循环经济理念，依靠科技进步，发展高效低耗运输装备，开发交通环保新技术，节约资源，减少能耗，保护环境，建立节约型交通行业，实现洁净运输和绿色交通。

（二）交通事业单位的成效

交通事业单位在交通运输业发展中起到了重要作用和取得了显著成就，他们长期为交通建设单位、维护运营单位等提供科技保障和智力支持，始终引领技术和智力发展的前沿，他们是科技保障和智力支持的奉献者，他们为快速发展的交通运输业输送了大批的智力和技术支持人才。

交通运输行业的崭新面貌与辉煌成就与交通单位的出色工作是密不可分的。

润扬长江公路大桥，中国第一、世界第三的特大跨径悬索桥

思茅至小勐养高速公路，我国唯一通过国家级热带雨林自然保护区的高速公路

湖南临长高速公路绿化工程获建设项目环境保护最高奖项“国家环境友好工程”奖

交通运输部水运科学研究院天津港21段集装箱码头电计算机管理系统，获国家“六五”科技攻关阶段成果奖

杭州湾大桥是继美国的庞恰特雷恩湖桥后世界第二长的桥梁

东海大桥，我国第一座真正意义上的跨海大桥，全长32.5公里，标准桥面宽度31.5米，按双向六车道加紧急停车带的高速公路标准设计，设计行车时速80公里

三、交通事业单位主要发展方向

根据国家对事业单位体制改革相关文件及相关省市对交通事业单位改革的一些做法，交通事业单位改革的发展基本呈以下几种趋势：

1. 进一步完善为发展现代交通提供科技保障和智力支持的交通事业单位体制；

2. 对从事政府支持的基础研究、重要公益研究领域创新活动的研究机构，经费由财政拨款；

3. 公益类研究和开发并存的科研机构，有面向市场能力的要向企业化转制；

4. 主要从事应用基础研究或提供公共服务、无法得到相应经济回报、确需国家支持的科研机构，仍然划分为事业单位，按非营利性机构进行运行和管理，其中有面向市场能力的部分，也要向企业化转制并逐步与原单位分离。

根据我国交通事业单位改革的基本状况以及机构体制改革的趋势来看，未来交通事业单位的发展主要体现在以下几个方面：

1. 形成比较完善的交通发展的科技创新体系；

2. 交通运输管理技术适应交通现代化的要求，实现一体化、数字化和网络化，在自主创新和技术集成方面有重大突破；

3. 交通基础设施建设技术全面发展，达到国际先进水平；

4. 交通资源利用和环保技术全面提升，成为建设节约型行业和发展绿色交通的可靠保障；

5. 交通安全保障技术整体提高，在事故预防、应急反应、救助打捞等方面达到国际水平；

6. 交通决策技术水平明显提高，全面实现决策手段的数字化、可视化与科学化；

7. 建设一支具有国际竞争力的交通科研队伍，形成比较完整的科研梯队，全面提升交通行业全员技术应用能力。

第二章　交通事业单位文化概述

一、交通事业单位文化演变历程

交通事业单位是交通行业的一个重要组成部分，交通事业单位的文化体现着交通行业的文化。交通事业单位文化作为整个交通事业单位团结的纽带，沟通的渠道，在交通事业单位的发展和变革中起着很大的协调与稳定作用。交通文化建设是交通事业单位发展的重要标志，建立一个良好的文化结构和形成一种强大的文化力，为现代化综合交通运输发展提供强大的精神动力、科技保障、智力支持和良好的对外形象，是交通事业单位文化建设的任务。交通事业单位文化建设大体上可以分为以下三个阶段。

第一阶段，改革开放前，这个时期交通事业单位文化特点是以政治、道德为主线的行业文化特征。交通运输系统职工发扬忘我精神，艰苦奋斗，克服种种困难，为全面恢复国民经济和社会主义建设做出了积极贡献，涌现出一批先进单位和劳动模范。

插入行政史第一页56年4月毛主席和中央政治局委员出席全国交通先进生产者代表会议照片

由于这一时期，交通事业单位不作为独立的事业单位存在，它的文化活动与政府、企业融合在一起。这个时期交通文化体育活动比较活跃，出现了行业、政府和企业的专业文工团、体育类的社团组织，各个单位相继开展了多种的文艺汇演、多项体育比赛活动，创作了《海港》和歌颂青藏公路的歌曲《二郎山》。

1964年上演的现代京剧《海港》剧照，反映了新中国海港工人的生活

第二阶段，改革转型期，交通事业单位由计划经济向市场经济转型。在转型期间，中国经济发展出现了巨大的转折与变化。随着经济、技术水平的提

升，交通行业也随之迅猛发展，尤其交通事业单位，在为经济发展提供科技保障、智力支持方面起到了举足轻重的作用。在这段时期，交通事业单位的体制得以明确，管理方式、方法有了新的突破，交通事业单位职工面对事业单位改革的逐步深入，无论是心态还是行为上都需要有一个适应与调整的过程。在这个过渡阶段，如何保持职工的凝聚力，稳定职工面对变革的心态，如何能够体现群体意识，成为当时交通事业单位文化研究的主要内容。

为了增强职工凝聚力，调动职工工作积极性，交通事业单位开展了一系列活动，比如组织摄影比赛、书画展、羽毛球比赛，开展创建文明行业活动，开展了爱国主义、集体主义、社会主义教育及职业道德、社会公德和家庭伦理道德教育，评选先进典型和劳动模范。这个时期的交通事业单位文化建设以社会主义精神文明建设、职业道德为特征，涌现出一批英雄模范人物或行业标兵。

陈刚毅，湖北省交通规划设计院党委副书记，中共十七大代表，被授予全国优秀共产党员、全国交通系统劳动模范荣誉称号和全国五一劳动奖章

第三阶段，2006年至今，随着交通部《交通文化建设实施纲要》（交体法发[2006]349号）的颁布，部党组高度重视交通行业的文化建设，取得了巨大的成就和成果。

（1）交通文化理论与研究都有纵深发展，部分单位形成了交通事业单位系统的、完善的文化体系；

（2）提炼了符合交通事业单位发展的价值体系；

（3）加大了交通事业单位文化建设投入；

（4）形成了交通事业单位文化建设一批成果。

二、交通事业单位文化特征

交通事业单位文化研究对象主要包括支持交通运输主业的科研、规划、勘察、设计、咨询、服务类事业单位的文化，主要有以下特征：

（一）公益文化

交通事业单位以满足事业单位客体的利益要求作为事业单位文化的主题宗旨，以满足公共利益作为价值观的逻辑起点和最终归宿。因此，交通事业单位文化要取得促进社会进步和满足公众需求的主要途径就是服务于并最大可能增进公共利益，只有这样才能获得公民最大程度的认可和同意。

交通事业单位从成立至今一直都树立公共利益的价值取向，即树立公共利益观念，增强服务意识，以服务社会公众为宗旨，以公众总体利益为评判。交通事业单位树立公共利益观念，要使职工能够在工作中自觉意识到责任，并怀有荣誉感（在模范地履行了自己的义务与责任后所获得的社会肯定性的评价以及自己内心中善的价值认同）。其行动具体表现在增加关心、主动倾听、建立沟通和公开透明人性化等方面。

（二）服务文化

服务是交通事业单位的本质特征，是交通事业单位的重要职能，也是一种责任。

目前，我国正处于经济发展转型期，服务作为转型发展的一个特征，由产品经济、工业经济向服务型经济转型是全球经济发展的重要趋势。加快交通运输发展方式转变，做好“三个服务”，是交通服务文化的根本指导思想。交通事业单位大力加强服务文化建设，既是交通事业单位生存与发展的需要，也是全社会对交通事业单位的期盼。

交通事业单位服务文化就是要围绕科技保障、智力支持这一使命去建设和实践。一是要树立服务战略意识。每个交通事业单位都要围绕经济社会发展大局找准自己的位置，寻找工作着力点。二是树立服务质量意识。以服务质量为交通事业单位的生命线，围绕提高服务质量打造工作流程，将质量责任落实到全员和工作的全过程。三是树立以服务对象为导向意识。交通事业单位应高度重视服务对象的需求变化，与时俱进，创新工作，推动业务工作开展。四是树立服务品牌意识。从一定意义上讲，所有服务工作都是产品。要像生产和经营产品一样把服务工作做精、做细、做出特色，形成自己的服务品牌，推动交通事业发展。五是树立诚信服务意识。要公开服务承诺，努力做到“言必信、行必果”，取信于服务对象，取信于社会。

（三）创新文化

创新是发展的源泉，是社会变革的主旋律。交通事业单位文化正以其时代性与前瞻性的开阔视野，培育着创新永无止境、创新赢得未来的创新理念，营造着创新文化。

创新文化的主要特征是开拓创新的精神，创新是科学得以不断发展的精神动力和源泉，是科学精神的本质与核心。创新主要表现在提出新问题、新概念，构建新方法、新理论，创造新技术、新发明，开拓新方向、新运用。

交通事业单位的创新文化，首先是观念的创新。所谓的观念创新，就是要解放思想，破除已经不能适应客观实际的思想、观念、办法，树立新观念，结合本单位的实际，不断研究新情况、新问题，提出新办法，以思想观念创新推动交通事业单位的事业发展。二是解决体制机制创新，建立符合交通事业单位自身特点的决策机构、执行机构。完善人事管理制度和薪酬分配制度，建立科学的选人用人机制，使职工的薪酬待遇与工作业绩联系起来。三是管理创新，推进事业单位服务规范化、专业化建设，建立针对整个交通事业单位的服务规范，明确基本原则，促进同行之间交流学习，促进事业发展；推进服务质量监督体系建设，严格自律，建立内部质量监控体系，不断提高服务水平。四是科技创新。交通事业单位要加大科技经费投入，提高科技成果转化率，形成人无我有、人有我优、人优我新的良好局面，不断提升核心竞争力，为发展交通运输事业提供更好更多的科技保障智力支持的服务产品。

三、交通事业单位文化建设作用和成效

（一）交通事业单位文化建设的作用

1. 为落实科学发展观、完成服务功能转型起到先行作用

调查显示，交通事业单位文化在事业单位的改革发展中起到了积极作用，其核心价值观已被交通事业单位广泛接受和认同。相关单位的文化建设调查和交通事业单位文化建设的成果案例证实，在向服务功能转型的过程中事业单位文化起到了先行的作用。

2. 为构建和谐交通起到促进作用

构建和谐交通是和谐社会建设的现实需要。进入新世纪，交通部提出了“更安全、更便捷、更可靠、更经济、更环保、更和谐”的发展理念，这一发展理念所体现的核心价值就是构建和谐交通。广大的交通事业单位就是在这一背景下进行事业单位文化建设的。

近年来，我国交通事业单位在文化建设中取得的成果，以及这些成果在我国经济社会的发展中所产生的影响，就足以得出“交通事业单位文化已成为构建和谐交通的推动力”的结论。

3. 提高事业单位软实力

一般来说，事业单位在发展的关键时期，都会产生变革事业单位文化的动因。多数事业单位在对自身文化积淀进行提炼的基础上，借鉴和运用了其他的方法，特别是发展历史较长的事业单位，其本身就有着丰厚的文化积淀，这是他们进行文化建设的主要动因之一。

抓住关键时期进行事业单位文化建设，能够帮助事业单位找回或重新塑造自我，强化文化建设软实力实现新的发展目标。将交通事业单位文化作为重要

精神支柱，并且要求自己所倡导的价值理念成为指导本单位发展和职工职业道德规范的坐标。从这一意义上来理解交通事业单位的文化建设在完成价值重构的同时，也成为了该单位观念创新和制度创新的转化动力，进而推动事业单位经营理念的创新和健康持续地发展。

因此，交通事业单位文化也是交通事业单位经营活力的内在源泉。单位有活力，职工就有创造力，职工有创造力，单位就能更快发展。

4. 培养了一批优秀的科技人才

交通事业单位文化建设通过共同的价值理念来统一职工的思想，强化认同感。交通事业单位通过开展创新文化建设，培养出一批优秀的学术带头人和科技领军人物。

沙庆林院士

沙庆林同志1957年6月从莫斯科公路学院毕业后到公路院工作，是交通部公路科学研究院研究员，博士生导师，中国工程院院士，交通部专家委员会委员，享受政府特殊津贴，中国公路路面学和路基路面工程专家，长沙交通学院、吉林大学兼职教授。沙庆林院士荣获中国工程院“资深院士”荣誉称号。他亲历了新中国成立以来公路交通科技每一次重大变革。

在北京市五环路上观察路面时摄

2010年5月18日，公路院隆重举行了庆祝沙庆林院士荣获“资深院士”荣誉称号暨《沙庆林院士论文选集》出版发布仪式。全国政协副主席、中国工程

沙庆林院士工作照

院院长徐匡迪发来贺词，交通运输部高宏峰副部长出席仪式并为《沙庆林院士论文选集》出版发布剪彩。高宏峰副部长代表部党组向沙庆林院士表示衷心的祝贺和诚挚的祝福。他高度肯定了沙庆林院士作为我国著名的道路工程专家，长期致力于公路路面学研究所取得的创新性成果，以及成果应用为促进我国公路建设又快又好发展，确保公路建设质量和效益做出的重要贡献。高宏峰要求

交通科技工作者向沙庆林院士学习，抓住机遇、迎接挑战。一要着力提高科技创新能力和水平，青年科技工作者要脚踏实地、积极进取、勇于担当、敢于创新；二要着力加大科技成果推广和应用力度，使科研成果更好更快地在交通运输建设中发挥作用；三要着力加大人才培养力度，特别要重视对科技领军人才和青年专家的培养。

沙庆林院士作为我国公路领域最早的工程院院士，是我国高速公路技术发展最有力的见证者——半刚性基层沥青路面结构、强基薄面稳土基的设计思路，为我国高速公路的跨越式发展奠定了基础；针对沥青混合料的矿料级配和原材料及沥青混凝土试件的两阶段检验方法，属世界首创，获得国家发明专利；重载交通长寿命沥青路面的研究，显著提高了我国高速公路路面使用寿命。

主要研究方向为高等级公路半刚性基层沥青路面结构设计施工和质量管理。重要科研成果有：重型压实标准、材料技术指标、半刚性材料的性能和参数、混合料组成设计等。对半刚性路面裂缝的成因和机理理论研究有突破，改变了传统的加厚面层减少裂缝的方法，为减薄沥青面层奠定了理论和实践基础。多数成果被用于编制有关规范，为科研成果迅速转化为生产力做出突出贡献。成果的应用形成了我国高等级公路的路面建设模式，其特点是重型压实标准和“强基、薄面”。参与了20多条总长度约2000多公里的高速公路设计和施工技术指导。出版《公路压实和压实标准》、《高等级公路半刚性基层沥青路面》、《高速公路沥青路面早期破坏现象及预防》等专著15本，发表论文90多篇。曾获国家科技进步二等奖，交通部科技进步一、二、三等奖。

凤懋润总工

凤懋润同志是中华人民共和国交通部总工程师，第八、九届全国人民代表大会的代表。20世纪60年代毕业于唐山铁道学院研究生院桥梁工程专业，从事铁路和桥梁工程的勘察设计和研究工作30余年。80年代曾在瑞士和美国的工程咨询公司中工作培训。

他80年代后半期主持了国家级重点科研公关项目，高等级公路路线和综合优化大型CAD软件系统的开发。90

悬索骄子凤懋润

年代作为项目和技术总负责人主持设计了“中国第一大桥”——江阴长江公路大桥，该桥已于1999年建成通车。

凤懋润是多所工科大学的客座教授，还兼任着中国科学技术协会全国委员会委员，中国土木工程学会副秘书长，常务理事。

他被政府授予“国家级有突出贡献的中青年科技专家”的荣誉称号并多次荣获国家和省部级奖励。

5. 促进事业单位文化与精神文明建设高度融合

在中国特色的事业单位文化建设中，精神文明建设占有极其重要的地位，也具有很强的生命力，并为广大事业单位高度认同。交通事业单位文化建设与精神文明建设高度融合，有利于发挥事业单位文化建设的优势和传统，促进交通事业单位文化建设创新。

交通事业单位在多年的发展实践中，积累的许多精神文明建设的成果和宝贵经验，已经成为交通事业单位文化建设的宝贵财富。

（二）交通事业单位文化建设的成效

交通事业单位文化建设在部党组的关心支持和正确领导下，取得了显著进步，工作扎实稳步推进，交通事业单位的整体形象显著提升，交通事业单位广大职工的思想观念和精神面貌发生了深刻的变化。

1. 交通事业单位文化建设已成为确保其可持续发展的重要保障。

2. 交通事业单位文化建设已成为有效地提升广大职工的凝聚力和战斗力的重要手段。

3. 交通事业单位文化建设日益成为交通事业单位和广大职工的自觉行为。

4. 交通事业单位文化建设已经有机融入交通事业单位经营管理的各项工作中。

5. 交通事业单位文化建设的有效工作机制正在逐步建立和完善。

四、交通事业单位文化建设方向

交通事业单位文化建设方向主要是指交通事业单位文化建设的目标和价值。交通事业单位文化建设其方向，首先是遵从交通行业的文化发展方向。

二是根据交通事业单位的使命、愿景、精神、职业道德要求进行建设。三是依据交通事业单位个性化特色进行文化建设。这是交通事业单位文化建设方向的三条基本要求。

（一）构建体现交通事业单位功能定位的核心价值体系

交通事业单位的主要功能是为发展现代交通提供科技保障和智力支持，其核心价值体系主要包括交通事业单位的使命、愿景、精神、职业道德。交通事业单位的核心价值体系是交通事业单位文化建设的根本保障。

（二）构建符合现代科研机构建设要求的管理制度体系

管理制度是机制的一种固化形式，机制又是文化的一种集中体现。交通事业单位的管理制度体系是交通事业单位核心价值体系落实的重要保障。交通事业单位应制定和完善科学的、行之有效的、得到高度认同的制度体系，规范职工的思想和行为，使交通事业单位文化内化于心，固化于行，用制度责任结构推动并规范交通事业单位职工人格的形成，实现文化落地。

（三）构建切合交通事业单位业务特点的物质文化体系

交通事业单位的业务特点是提供科技保障和智力支持的服务，这种服务要通过物质文化来体现。交通事业单位物质文化体系包括品牌与形象体系、载体体系、环境体系。通过加强、完善物质文化体系，更加充分发挥交通事业单位在交通行业建设中所起的重要作用和做出的突出贡献。

（四）不断丰富和创新交通事业单位文化建设实践载体

载体是文化建设的重要建设手段和途径，文化建设的实践必须有载体支持。没有载体的文化建设只能停留在理念上，所以不断丰富和创新交通事业单位文化建设实践载体对扩大交通事业单位影响、塑造交通事业单位社会形象有着非常重要的作用。交通事业单位文化建设实践的平台就是载体，载体的形式要不断丰富和创新，才能适应交通事业单位文化建设的需求。

第三章　交通事业单位文化建设基本要素分析

一、交通事业单位文化基本战略

（一）文化战略的内涵

文化战略就是指在正确理解和把握组织现有文化的基础上，结合发展任务和总体战略，分析文化的差距，提出并建立文化的目标模式。我们可以从三个方面加以界定。

1. 文化战略是一个主导性的战略

文化战略从根本上定义了事业单位发展的使命、宗旨和愿景，进而确立了发展的基本战略与目标任务，在此之下，设计了其主业发展路线与内部管控机制，因而，文化战略是主导性战略。

2. 文化战略是一种目标模式

规定了在某一中长期阶段内，应该构筑一种什么样的文化形象，这种文化形象对组织的发展起到什么样的作用等。

3. 文化战略包含有“策略”的成分

即为营造或改变组织文化采取的步骤、手段以及其他配套的系统工作，如评估评价等。

在组织成长过程中，文化对组织产生的许多影响都被置于组织行为动机的原始部位，它处于行为动机的意识层面之下，具有的无形性、软约束性、相对稳定性和连续性等，使文化始终以一种不可抗逆的方式影响着组织的发展。

（二）交通事业单位文化建设基本战略的制定

交通事业单位文化建设基本战略的制定是文化战略的重要环节和关键步骤，也是战略决策的主要内容。结合交通事业单位文化建设的现状及特点，交通事业单位文化建设基本战略制定包括以下几个相互衔接的环节：

1. 树立正确的文化战略思想

由于交通事业单位文化建设体现了本单位的共同价值准则和精神观念，对职工有着强烈的内聚力、向心力和持久力，具有无形的导向、凝聚和约束功能，因此，正确、健康、向上的文化战略思想对于创建优秀的组织文化具有重要的指导作用。

2. 确定文化战略模式

由于各交通事业单位所面临的环境不同，发展的主业及阶段有所差别，因此文化的战略模式也各有千秋。一般而言，文化战略模式包括以下几种：

（1）先导型的，全力以赴追求文化的先进性和领导性。

（2）探索型的，敢于开拓，敢于创新，敢于独树一帜，与众不同。

（3）稳定型的，按照自己的运行规律步步为营，稳打稳扎。

（4）追随型的，并不抢先实施文化战略，而是当出现成功的经验时立即进行模仿或加以改进。

（5）惰性型的，奉行稳妥主义，不冒风险，安于现状。

（6）多元型的，没有一成不变的战略模式，坚持实用态度，或综合进行，或任其发展，哪种有用就采用哪种模式。

3. 划分文化战略阶段

由于交通事业单位文化建设的进程有先有后，文化战略的实施进程有快有慢，因此应当实事求是地认真分析本单位所处的战略阶段，以利于文化战略的持续进行。一般而言，文化战略阶段包括：

（1）初创阶段；

（2）上升阶段；

（3）成熟阶段；

（4）衰退阶段；

（5）变革阶段。

4. 制定事业单位文化战略方案

为了实现文化战略的目标，应当依据对本单位内部和外部条件的分析与预测，制定出科学、最优和满意的文化战略方案。方案的制定可以根据本单位不同时期的不同重点，划分为总体战略方案和各部门、各单位、各下属的分体战略，或者是全领域战略和局部领域战略。制定方案要贯彻可行性准则，既要把握方案的时机是否成熟，又要注意该方案在实践中能否行得通，同时还要兼顾必要的应变方案。最后通过一定的评估方案，选出理想的最佳方案或理想的综合方案。

5. 明确文化战略重点

所谓文化战略重点是指那些对于实现战略目标具有关键作用而又有发展优势或者自身发展薄弱而需要着重加强的方面、环节和部分。对于不同的交通事业单位来说，战略重点的侧重点有所不同，有的重点在于培养事业单位精神、道德，有的重点在于塑造形象、规范、制度。因此，抓准了战略重点，不仅有助于交通事业单位文化战略的重点突破，而且也会由此找到交通事业单位文化建设的成功之路。

（三）交通事业单位文化战略的实施

在选择了正确的文化战略之后，就应当转入有效的战略实施，以保证战略的成功和实效。一般而言，文化战略实施包括以下几种措施：

1. 建立文化战略实施的计划体系

即通过把文化战略方案的长期目标分解为各种短期计划、行动方案和操作程序，使各级管理人员和职工明确各自的责任体系和任务网络，以保证各种实施活动与文化战略指导思想和战略重点的相互一致。

2. 通过一定的组织机构实施

文化战略的实施，要求建立一个高效率的组织机构，通过相互协调、相互信任和合理授权，以保证文化战略的顺利实施。

3. 提供必要的物质条件、硬件设施和财务支持

这是塑造交通事业单位社会形象的内在要求。交通事业单位要营造良好的物质文化，为交通事业单位文化战略的实施提供物质基础。

4. 努力创造有利于实施文化战略的文化氛围和环境

通过一定的教育和灌输方式，大力宣传交通事业单位文化战略的具体内容和要求，使全体职工深刻理解文化战略的实质。

二、 交通事业单位的精神文化

（一）交通事业单位的精神文化

交通事业单位文化作为一个文化形态，其核心层面是交通事业单位精神文化。交通事业单位精神文化是全国交通事业单位在其发展过程中形成的理念体系和认知准则。交通事业单位精神文化即交通事业单位系统最核心的价值体系，它既是总结，又是提炼，还是创建，它透过实证分析、理性思考和对未来的展望构建了交通事业单位核心理念、使命、精神、作风、信念等理念。

交通事业单位精神文化，是交通事业单位在长期发展实践中逐步形成的，在交通事业单位文化形态的结构中处于核心地位。其文化功能必然呈现和折射在制度文化和物质文化两个层面上，成为指导和影响交通事业单位职工的精神力量。

（二）交通事业单位精神文化的目标体系

为发展现代交通提供科技保障和智力支持是交通事业单位的根本目标，也是交通事业单位的精神追求。交通事业单位精神文化建设的成功与否，直接关系到交通事业单位文化的落地，关系到职工工作积极性的发挥，关系到事业单位相关工作的顺利开展，关系到交通事业单位在社会上的知名度和美誉度，因此，在交通事业单位一如既往地开展精神文化建设十分必要。

过去，交通事业单位在学习创新、团结协作等许多方面做了大量卓有成效的工作，积累了宝贵的经验，为精神文化的建设探索出一条行之有效的途径。今后，仍然要沿着这一正确的方向，持之以恒，奋然前行，将精神文化建设与制度文化、物质文化的建设密切结合起来，构建一个全面完整的行为目标体系，达到一个全新的境界。

（三）交通事业单位精神文化建设的途径

交通事业单位核心价值理念体系的建立，是交通事业单位职工共同信奉的价值理念实现的可能。严格地说，对交通事业单位理念提炼的过程仅仅解决了“知”的问题，要实现高度的认同并转化为“行”，还需解决贯彻、执行和强化的问题。从“知”、“行”关系的意义上说，提炼一个理念并不是十分困难的事情，难的是能否用这个理念来指导实践工作，能否让这个理念扎根于每一个职工心中，并激发出无限的创造力。

知行合一，就是要使交通事业单位全体职工认识和了解所提倡的价值观，然后按照价值观的要求去工作、去实践。只有在认识和实践的过程中切身体会到价值理念的精髓，才能够产生达成价值目标的动力，培育出实现价值理念的意志品质。

交通事业单位价值理念体系的塑造，是一个持续不断地宣贯和实践过程，具体工作可从以下途径开展：

1. 发挥领导者在精神文化建设中的主导作用

领导者是一个组织的主导者和带动者，领导者的思想观念是一个组织的文化宝库，领导者素质、能力和行业发展是密切相关的，在精神文化建设中，领导者要发挥好六个方面的作用。

方向作用：领导者是本单位发展战略的制定者，领导者的思维决定了行业文化建设所要达到的高度与深度，决定了行业文化将要引导行业走向何方。交通事业单位精神文化的建设要紧紧围绕核心价值理念体系来开展，以社会的认可程度作为评判标准。

定位作用：领导者必须为自己的单位选择正的文化发展方向，制定本单位的工作流程和工作规范，同时要因地制宜，与当地的人文、社会等文化环境相适应。

总结作用：交通事业单位文化要与时俱进，创新发展，就要有继往开来的思维，要善于把本土文化上升为本单位的优秀文化，继而吸收外来文化为我所用。领导者要善于发现、善于总结，在科学评价体系基础上，辅之以行之有效的制度措施来对职工的行为习惯进行提炼、归纳、概括、总结，从而形成本单位的特色文化。

推动作用：交通事业单位文化建设需要一个长期的宣传发动、学习教育、结合岗位职责与宣传发动效果完善提升的过程，需要建立一套精神文化建设激励机制，增强职工参与文化建设的主动性。领导者需充当文化建设的助推器，在吸收外来优秀文化补充自身不足的过程中，取长补短，循序渐进。

宣教作用：交通事业单位文化建设是要让职工在此过程中形成符合事业发

展的价值判断，理解所在岗位的职责要求，积极主动地完成使命。领导者是文化建设的布道者，要不断深入浅出地解读本单位所倡导的精神文化，使之深入职工的心灵。

示范作用：精神文化重在执行，所以必须注重实效。领导者是本单位文化建设的“首席执行官”，需身体力行，躬身垂范，持久地影响和带动职工，做交通事业单位文化的忠实实践者，真正起到“标杆示范作用”，与职工同心同德，荣辱与共，才能使自己的单位充满生机，创新发展。否则，精神文化建设就成了一句空洞无物的口号。

2. 制定规范性文本文件

建立完善职工行为规范，培养职工良好的道德风尚。各交通事业单位应大力加强党的建设和思想政治工作，根据行业特点和本单位的要求，健全完善《职工道德规范》、《职工行为规范》、《职工岗位职责》等制度规定和实施细则。突出抓好岗位责任制和职工道德规范的落实，把社会公德、职业道德和家庭美德变成职工普遍认同和自觉遵守的行为准则。

3. 建立行之有效的激励机制

建立激励约束机制，激发调动职工的积极性、主动性和创造性。创造一种文明行为有人夸、不良行为有人抓的氛围，对遵规守纪、爱岗敬业、举止文明、受人敬仰的模范行为，要树立榜样，给予精神上的鼓励、物质上的奖励，对不良行为的当事人要给以行政或纪律处分，在职工中形成积极向上、奋勇争先的良好局面。

4. 发挥模范人物在精神文化建设中的引导作用

模范人物受人敬重，在他们身上集中体现了行业的价值观。他们的作用是使行业价值观“人格化”，即把行业价值观变成自己一种深层的精神追求，他们的行为常常被作为仿效的行为规范。一个行业模范人物的集合体构成行业的模范群体，他们是行业精神的化身，是行业价值观的综合体现，是行业模范个体典型行为的提升，具有全面性，在各方面综合成为行业文化的规范。

因此，要将模范人物的培养、选树、宣传工作制度化、规范化、经常化。培养选树模范的面要宽，内涵要深，既要有体现新时期交通事业单位精神、展现交通事业单位形象的重大典型，又要有各方面各基层单位体现自己工作特色的部门典型，充分挖掘从他们身上折射出的交通事业单位精神和先进理念，形成交通事业单位文化的品牌资源。

5. 创建学习型组织，提升队伍的整体素质和综合能力

把创建学习型组织作为事业发展的强烈追求和文化建设的重要内容，大力倡导终身学习的良好风气，不断创新团队的学习方法，把学习与工作有机地融合起来，在学习中工作，在工作中学习，使广大职工掌握新知识、新技术、新理论、新方法，实现自我价值。通过职工学习能力的不断提高，促进交通事业单位的持续发展。

建立和完善职工学习培训制度，努力提高职工的政治业务素质和精神文化品位。着重抓好核心价值理念体系的渗透，加强行为规范的培训，制订培训计划，建立培训体系，全面提高职工整体素质。

6. 加大宣传力度

模范人物既要培养，更要宣传，通过各种渠道，采取多种形式大力宣扬，发挥其典型、示范、导向和辐射作用，让交通事业单位职工和社会各界从他们的一言一行中，受到启迪，得到鼓舞，在交通事业单位职工队伍中形成学习先进、争先创优的良好风气。

三、交通事业单位的制度文化

社会发展中，文化与制度之间是一种蕴涵互动的关系，文化中蕴涵着制度，制度中也体现着文化，没有文化的制度和没有制度的文化都是不可想象的。可以说“文化是抽象的制度，文化是制度的高级形式”。

交通事业单位制度文化建设，就是在国家相关政策的基础上，将广大职工高度认同的交通事业单位核心理念、使命及精神等融入制度建设的每一个环节，形成适应社会环境变化的，具有深刻文化内涵的管理理念，制定出具有科学、人本、和谐、高效等特征的交通事业单位制度，最终实现制度管理向文化管理的大跨越，使管理方式得到根本性的转换与升华。

（一）交通事业单位制度文化的概念

交通事业单位制度文化不仅包含着一般制度文化原理，而且还体现着作为一个具体行业的特征，它是交通事业单位及国家相关政策和交通事业单位精神理念体系，在长期的工作实践中形成的制度理念、制度体系及制度执行中产生的文化现象。交通事业单位的管理模式、管理制度以及行业内的各级人员对制度的认识、评估、执行等应遵循的理念都属制度文化的范畴。

交通事业单位制度文化建设对交通事业单位的发展具有重要意义。它将精神文化融汇到规范性、强制性、科学性的管理之中，以促进交通事业单位管理工作目标的实现；它以高效的管理模式，与时俱进的管理理念，推动着交通事业单位的使命和责任得以更好地履行；在工作实践中以有效的激励机制，使职工的主观能动性和工作积极性得以充分发挥；通过人性化的制度设计，引导职工由普通社会成员向“事业单位主体”角色的转换，达到张弛有度、知行合一的管理效果；制度文化以自身的独特内涵，赢得了职工的心灵共鸣，取得了服务对象的理解与支持，进而锤炼出了一流的队伍，树立了一流的形象，赢得了良好的社会声誉。

（二）交通事业单位制度文化的建设

先进文化建设和发展的长期性、稳定性应以制度建设和完善为保障。交通事业单位各级管理部门，应立足本单位的管理模式，以事业单位核心价值理念体系为指导，按照指定制度的目标和理念，对制度进行全面梳理和评估，主要评估现有制度体系的实时效果，制度与价值理念体系的一致性，制度的可操作性、合法性，及时查找和反馈制度建设和实施中存在的问题，借鉴先进的制度建设方法和技术原理，对制度进行科学的扬弃和个性化创建，提出创建具体制度的逻辑框架、思路体系和价值结构，不断丰富和完善交通事业单位制度体系。

1. 制度文化建设的总体目标

交通事业单位制度文化建设作为交通事业单位文化建设的重要内容，应达到以下目标：

（1）通过制度文化的建设确保交通事业单位工作目标得以实现。关注交通事业单位制度改革的道路和前景，优化交通事业单位部门管理流程，通过流程优化进行制度创新，使交通事业单位部门管理更规范、运作更高效，更好更快地实现各项工作目标。

（2）通过制度文化建设使交通事业单位精神理念体系落地。在这个体系框架内，制定和完善科学的、行之有效的、得到高度认同的制度体系，规范职工的思想和行为，使交通事业单位文化内化于心，固化于行，用制度责任结构推动并规范交通事业单位职工人格的形成，使每个职工都有鲜明的职业角色特征，形成一个文化共识的行为规范，实现文化落地。

（3）通过制度文化建设解决发展中的问题。建立对制度的评价、反馈和完善机制，提出有利于改善工作环境、提升管理水平、强化制度实施的管理机制及政策建议，实现对制度的动态调整。

（4）通过制度文化建设实现依靠制度办事。通过适合的制度文本形态、传播形态，把制度变成执行力和事业发展力，变成事业单位团队中每个人内在的力量。

2. 制度文化建设应遵循的理念

制度文化建设理念是进行制度建设的指导思想和设计灵魂，是各项管理制度的逻辑起点和评价依据。在制度设计和调整中，应遵循交通事业单位核心价值理念体系，把代表时代精神和行业精神的制度建设理念贯穿其中，让这些融化在制度体系中的理念与交通事业单位核心价值理念体系共同规范、引导职工的行为。

(1) 科学发展理念

科学发展理念落实在交通事业单位制度文化建设中，是指交通事业单位在制度建设和制度执行中应始终以科学发展观为指导，准确把握客观形势，以科学的方法手段以及制度建设的成果促进交通事业单位的全面协调可持续发展。

交通事业单位要实现科学发展，要密切关注交通事业单位面临的各种新挑战和新变化，包括政策的变化、环境的变化、技术的变化、市场的变化以及服务对象构成的变化等，根据变化，及时调整发展思路，进行制度创新。

(2) 人本理念

建设有中国特色的社会主义核心价值体系，要求把人的全面发展当作最高的价值准则，作为所有事业发展的出发点和归宿。那么，在交通事业单位实行人本理念就是把事业单位的发展、职工的发展与交通事业的发展、国家的发展统一起来，概括地讲就是关爱职工、尊重职工、实现和谐共赢。

关爱职工就是在制度建设上充分体现职工是第一资源的人本观念，关爱、尊重、信任、培养和成就职工，把管人、知人、育人、用人有机地统一起来，将人才培养和任用机制内化为交通事业单位文化的内核。

在制度建设上，应把握人在制度建设中的主体作用，把能够调动职工的积极性，能够产生良好的激励效果，作为制定和执行制度的准则。关爱职工，要通过建立相应的制度，为职工营造安定温馨的工作环境，建立和实行严格的考核制度、竞争机制，为职工提供公平、公正、和谐的工作氛围和施展才华的平台。

落实人本理念应在交通事业单位内开展创建学习型组织活动，把学习作为提高职工素质和履行职能的必由之路，促进职工知识更新、能力提升和观念转换。加大对职工的培养力度，改善职工的学历结构、知识结构，提高职工履职能力，重视职工的职业生涯规划，对职工的成长负责，促使职工成为交通事业单位事业发展的第一资源。

(3) 创新理念

创新包括理念创新、模式创新、手段创新和文化创新。用发展的眼光和科学的办法，准确把握和认真解决交通事业单位工作中遇到的新情况、新问题，努力提高创新能力。紧跟市场和社会的变化，以制度创新为突破口，整合人才、资本和科技要素，在组织机构、人力资源管理、财务管理、质量管理以及思想政治工作、文化建设、为民服务等方面，运用已成熟的管理理论和方法，大胆借鉴并创新使用当代前沿管理理论和手段，包括对前沿科技手段的创新应用，为交通事业单位发展开辟新空间，为社会提供更多的价值。

创新就必须完善创新机制，建立创新型行业。要在交通事业单位系统建立创新机制，搭建创新平台，鼓励创新之举，宽容创新失败，营造浓厚的创新氛围，不断提升职工的创新能力。

（4）责任理念

责任，是交通事业单位及其工作人员作为服务者、管理者、生产者所必须承担的社会责任、法律责任、道德责任和公仆责任。

树立责任理念更重要的是通过制度建设和落实，进行责任管理，明确责任目标，细化责任内容，建立责任目标体系，运用目标管理办法层层落实责任。坚持责任目标的挑战性和可能性相结合、资源配置和责任配置相结合的原则，努力增强责任目标和责任内容、部门责任和个人责任的科学性和激励性，努力把责任分解好、配置好。要建立起与责任目标相结合的责任效果考评体系和有效的激励约束机制，加强对履行责任的监督考核。

（三）交通事业单位制度文化建设的途径

1. 管理方式人性化

人性化管理应使交通事业单位内充满浓厚的人情气息。领导层要对职工的真实观点和兴趣有直接清晰的了解，从细微处做到关怀每一个职工，比如说，每当逢年过节，主管领导可通过邮寄贺卡或电话的方式捎给职工一份祝福。在职工过生日的时候，至少会得到部门领导的问候，这不是形式上的、统一完成的贺卡，而是充满领导个人和部门对职工关爱的贺卡。职工生病休息，部门负责人甚至主要领导都亲自前去看望，或写信问候。职工结婚或生小孩，部门都会把这视为自己家庭的喜事而给予热烈祝贺。部门的有些活动，还邀请职工家属参加，一起分享大家庭的快乐。

2. 管理制度系统规范化

（1）改进决策程序

改进决策程序主要从以下几个方面建设：

① 体现民主性、合法性、科学性和规范性。

② 建立保障相对人利益的监督制约机制。

③ 管理制度必须公开，不应成为掌控部门的垄断资源。

④ 弥补能够使小团体、小帮派利用制度资源谋利的制度漏洞。

⑤ 上级频繁检查制度逐步转化为公众监督制度或者群众满意度调查制度。

(2) 建立以公共利益为导向的绩效评价体系和行政问责机制

建立以公共利益为导向的绩效评价体系，将交通事业单位的研究成果切实转变到为社会提供基本的公共产品和公共服务上来，强化其社会服务功能。与此同时，建立严格的问责机制，追究相关领导和人员在研究成果方面的重大失误或错误。

3. 管理制度实用化

(1) 减少原则性的规定规范，增加实用性的规定规范

交通系统向来注重制度建设，层层级级、方方面面都有许多各自编制的规范手册，但对于这些规范手册的使用率、实用性并没有评估过，很多因为时代变迁或者其他因素已较脱离实际，不具可操作性，有些又过于强调较为宏观层面的原则性，不具实际指导性，因而建议精简现有的使用率、导向作用较弱的规定规范，多增加实用性的规定规范。

(2) 完善成为规范单位内外管理引用依据的档案资料

档案资料不只是用来应付上级检查的，应更多的为自己使用，目前各交通事业单位的档案资料较为齐全，但各业务部门之间的共享还不普遍，许多档案资料不能发挥其被单位内外管理引用的作用，可通过技术手段和共享机制的建立来完善。

(3) 建立协调机制

建立协调机制包括：业务部门间建立联系协调机制，处室间建立互助合作机制，建立突发事件应急处理机制。

四、交通事业单位的物质文化

交通事业单位物质文化是传递、表现交通事业单位理念、树立对外形象和推动事业发展的物质象征和物质基础。建设好交通事业单位物质文化对全面实施文化管理和实现行业持续发展意义重大。

（一）交通事业单位物质文化的概念

物质文化在一个文化实体结构中，相对于人的精神、思想意识总是处于表层的位置，它常以物化的形态承载着文化内涵，即以不同的符号透视和传递着种种社会信息。

一个行业的物质文化应是职工的理想、价值观、精神风貌的具体反映，虽然处于一个文化实体的最外层，但却集中表现了这个行业的外在形象，成为行业接受社会对其评价的起点。

交通事业单位物质文化是交通事业

单位在开展相关工作过程中所创造的交通事业单位的器物文化，是行业的“物象系统”和“视觉策略”，是交通事业单位的“意义符号”，是全社会感知交通事业单位文化的向导和使者。

交通事业单位物质文化相对于其他层面的文化有着物化性、应用性、直观性、欣赏性的基本特征，主要包括视觉识别系统、文化产品创作与传播及工作生活环境等。

（二）交通事业单位物质文化的构成

1. 视觉识别系统

视觉识别系统是具有个性化的形象系统，其不仅具有审美的特点，而且具有以同一系列的象征符号体现行业性质、理念的特点。包括单位名称、标准字、标准色、相关组合、车辆标志、服装制式、办公用品、环境导视等。

一套完整的视觉识别系统的文化意义在于它以图像的符号，从视觉上影响着人们对行业的印象，对行业的认知，从而诱导其价值观念趋向。在使用这些标志时，既要合乎规范，且经常保持标准而又鲜亮的状态。

2. 工作生活环境

国外学者把“愉快关系的场合”称为“共生圈”。从感情的角度即“人本”的角度出发，一个行业文化的特点与其整体容貌密不可分，为职工提供一个愉快舒畅的环境，不仅能增强职工的归属感、自豪感、使命感，还能凝聚力量，激发工作热情，这就必然对职工的工作态度、整体工作效率产生促进作用，从而加快文化的信息传递和信息反馈，形成职工之间、职工与单位之间的“共生圈”。

工作生活环境包括机关、办公室布局及装饰，如门面标识、门牌、作息牌、提示牌、告知牌、岗位牌、各种版面，办公场所的绿化、硬化、美化、净化、亮化，职工学习、生活、娱乐、休闲、安全、卫生、社交等设施的建设。

（三）交通事业单位物质文化建设途径

交通事业单位物质文化建设，就是通过加强对富有文化内涵和文化意义的各种物质的健全完善和充分应用，在传播交通事业单位使命和精神等核心价值理念，宣传交通事业单位在交通行业中所起的重要作用和做出的突出贡献的同时，继续不断地提高公益性能，满足社会的多元需求，为职工提供舒适的环境，持续树立交通事业单位的优良形象。

1. 建设完善的视觉识别系统

人们获取信息的主要来源在于人的视觉。交通事业单位视觉识别系统是最直观、最具冲击力的文化构成元素之一，是具体化、视觉化的传播形式。通过具有表征意义形象的应用和展示，达到对内凝聚人，对外宣传辐射，形成品牌效应，扩大知名度的目的，以促进交通事业单位成为具有一定竞争力和影响力的优秀团队。建立良好的视觉识别系统应从以下几方面做起。

（1）统一标识

交通事业单位应建立本单位统一使用的标识，并根据时代要求，赋予标识新的内涵。

标识的展示和应用，会让全体职工感受到使命的激励、理想的召唤，产生持续的精神动力和工作热情，给社会公众留下深刻的印象，树立良好的社会形象，给交通事业单位相关工作的开展带来便利。

交通运输部水运科学研究院标识

交通运输部规划研究院标识

交通运输部公路科学研究院标识

中交公路规划设计院标识

交通运输部天津水运工程科学研究院标识

（2）统一标准字、标准色

字体标志应简洁明了，表现力丰富，既能传达本单位的名称信息，也能实现图形标志的功效，以达到视觉、听觉的同步传播。汉字和英文字母均应选用活泼大方、艺术性强的字体。

标准色应追求与交通事业单位理念的一致性，使事业单位理念色彩化，能够体现交通事业单位的使命。

交通运输部科学研究院
China Academy of Transportation Sciences

交通运输部科学研究院标识

（3）规范组合图案的应用

标志组合力求结构合理，图案形象，由标识、单位名称的中文简称及英文表达组成，配以标准色、特别线条、图案，达到具有高远意境和深刻寓意的视觉想象、视觉冲击效果。

不同场所、不同标牌使用不同的组合图形，使社会各界能够在众多图标视野中容易辨认。

（4）统一用品标识

充分发挥标识的作用，办公用品、指引指导用品、公益活动、对外交往等都应广泛而规范地使用标志，以此强化职工形象意识，整体提升单位形象。

交通事业单位应制定本单位的形象视觉识别系统，在形象视觉识别系统中，对图案的大小比例、颜色的标准调配、字体的间距，服装的式样、采用的材质及注意事项等进行详细规定。交通事业单位的领导和职工应充分认识形象视觉识别系统对整个行业的重要性，维护其庄严，但凡使用，必须规范。

2. 创建舒适的人文环境

创建舒适的办公环境是物质文化建设重要而艰巨的任务，环境的优化与协调直接关系着行业的社会形象，关系着各项工作的有序开展，影响着职工的工作效率和情绪。创建过程中要尽可能达到以下要求：

（1）文化氛围丰富浓郁

合理利用办公空间，建设文化长廊、文化墙，展示文化理念、职工格言、书法、摄影作品等。

（2）导示标牌齐全美观

单位门牌、公示牌、提示牌、导示图、导示牌、楼层牌、部门牌等设置齐全、美观，并依照形象视觉识别系统制作、使用。

（3）办公环境优美舒适

办公室内办公用品摆放有序，整洁明亮。尽可能设置沙发、饮水机等休息服务设施，为职工提供人性化的关怀。

（4）文化娱乐设施一应俱全

建立图书室、活动室，配备体育、音乐等器材，健全卫生、餐饮、安全等生活设施。

3. 创作优秀的文化作品

通过文化产品的创作，发现和树立先进典型，丰富深化交通事业单位精神内涵，凝练升华交通事业单位核心理念，促进交通事业单位文化的认知转化。

（1）丰富创作载体

把创建学习型组织、开展技术创新劳动竞赛、开展内容丰富的文体活动等作为主要载体进行文化产品的创作。

（2）建立激励机制

组建专门机构加强对文化产品创作的组织指导，制定奖励办法，激发全员参与创作的热情。

4. 开辟多样的传播途径

传播是实现文化落地、文化共享、文化管理的主要途径，对扩大交通事业单位影响、塑造交通事业单位社会形象有着非常重要的作用，需要采取多种传播方式，开辟广泛的传播途径，充分运用各类媒介，建设文化传播网络，宣传交通事业单位文化理念，宣传交通事业单位先进经验、典型事迹和模范人物。

（1）开展相关活动

组织文艺表演、职工演讲、文化作品展评、体育运动会，举办各种仪式，参加社会性、大众性的知识娱乐竞赛、纪念庆祝等活动，广泛宣传交通事业单位文化理念。

文娱演出活动　交通运输部公路科学研究院提供

正式演出前的排练　交通运输部科学研究院提供

交通运输部水运科学研究院“和谐杯”登山比赛

（2）充分利用不同形式的传播渠道

充分利用网络、内部刊物、媒体等信息平台，全方位、多角度地宣传本单

交通运输部科学研究院主办的杂志

位的文化建设。

物质文化建设决定着交通事业单位文化体系建设，反映着交通事业单位文化建设成果，也与交通事业单位的长远发展和每位职工的成功发展有着千丝万缕的联系，是全体职工的共同责任与义务，对此，各级领导应高度重视，所有职工需人人参与，建设成果需全体共享。

物质文化建设非一朝一夕、一蹴而就的事情。交通事业单位只要与时俱进、锐意创新、大胆探索、勇于实践、放眼未来、加大投入、艰苦努力，就一定能够建设好交通事业单位物质文化，真正发挥记载时代信息，见证交通事业单位发展，传播其理念的重要功能。

第四章　交通事业单位文化的核心价值体系研究

一、交通事业单位的使命

（一）交通事业单位使命的本质

使命的本质是一个组织存在的价值和责任。使命描述了组织的发展方向，反映了该组织相对固定的核心价值观和核心目标，表明了其最有价值、最崇高的责任和任务。交通事业单位使命的本质可以从三个方面去理解：首先，价值属性即交通事业单位存在的价值是什么？亦即交通事业单位存在的理由及要承担的责任，这是使命的根本所在。第二是使命的行业属性，交通事业单位是交通行业的一个重要组成部分，交通事业单位的使命必须遵从于交通行业的使命，交通行业的使命对交通事业单位的使命具有指导作用。第三是单位属性，即具体的交通事业单位的使命除了价值属性和行业属性外，更主要的是把使命的社会价值、社会责任及行业价值、行业责任的要求，结合交通事业单位自身特点形成有个性化的单位使命。

（二）交通事业单位使命的要素

交通事业单位的使命必须要遵从于交通行业的使命，交通事业单位使命的要素如下：

1. 科技保障

转变经济发展方式是党和国家的一个重大战略举措，加快交通行业发展方式转变是交通行业实现科学发展的战略抉择。在推进综合运输体系发展，提高交通运输设施装备技术水平和信息化水平，努力促进现代物流发展，建设资源节约型、环境友好型行业，提高安全监管和应急保障能力等方面交通事业单位大有可为，同时提供科技保障也是交通事业单位的重要职能。

2. 智力支持

发展现代交通，加快推进交通由传统产业向现代服务业转型是国家和人民赋予交通行业的神圣使命，没有交通科技“先行”就不可能发展现代交通业。“要想富，先修路”，“要修路，先有规划、设计和技术”，这正是智力支持要素的实际体现。

（三）交通事业单位使命的表述

交通事业单位的使命是交通事业单位存在的价值和意义。交通事业单位价值应该是社会公益价值、行业发展价值、单位目标价值的统一。交通事业的使命不仅表明了交通事业单位存在的价值，还提示了交通事业单位为什么而存在。相关的交通事业单位使命详见下表。

单位名称	使 命
交通运输部规划研究院	以人为本，构建和谐规划院全面、协调和可持续发展
交通运输部科学研究院	科研立院、产业富院、人才强院
交通运输部水运科学研究院	为政府管理与决策做智力支撑，为行业发展与建设做技术支撑
交通部天津水运工程科学研究院	打造平台、成就事业

依据交通事业单位的价值和责任，交通事业单位在发展现代交通，做好“三个服务”以及加快交通运输业发展方式转变中职能作用，对交通事业单位的使命要素分析，交通事业单位的使命提炼为：为发展现代交通运输业提供科技保障和智力支持。

提供科技保障是一种责任，发展现代交通，加快转变发展方式对于交通事业单位来说是职能性责任，提供科技保障是职责所在，这是使命的体现。

提供智力支持既是交通事业单位的一种使命特征，也是一种价值和责任。提供智力支持对于交通事业单位来说是职能性使命。

二、交通事业单位的愿景

（一）交通事业单位愿景的本质

交通事业单位的愿景是交通事业单位全体成员对未来美好景象的憧憬，是事业单位全体成员的共同理想目标。确立交通事业单位愿景时，应把握三条原则：一是行业愿景的指导原则。交通行业的愿景是：“建设一个更安全、更通畅、更便捷、更经济、更可靠、更和谐的现代化公路水路交通运输系统，实现人便于行，货畅其流，让人们享受高品质的运输服务，让经济社会发展更加充满活力，让交通与自然、交通与社会更加和谐。”行业的愿景指导着事业单位的愿景；二是个体愿景汇集原则。每个交通事业单位的愿景具有个体特征，只有对个体愿景进行整理、分析、研究、提升才能行成交通事业单位的共同愿景；三是专业愿景的特色原则。交通事业单位专业门类比较多，如公路、水运等，在专业性的行业里还有规划、设计、科研等专业，交通事业单位在确立愿景时必须考虑到自己的特色，有特色的愿景才有价值和意义。

（二）交通事业单位愿景的要素

交通事业单位的共同愿景不是一种抽象的东西，而是具体的能够激发所有成员为之奉献的愿望和远景，其要素组成有：

1. 目标

目标指交通事业单位要追求什么样的共同愿景，即建立人们心目中真正想要实现的组织具体景象。目标为个人成长和组织发展指出明确的方向。

2. 价值观

价值观是指交通事业单位如何追寻共同愿景，在实现愿景的过程中人们一切行动的最高依据和全体成员共同行为准则。

3. 使命感

使命感是解决为何要追寻共同愿景，反映个人和组织对社会、国家和人类所希望贡献的是什么。

引领现代交通运输发展既是交通事业单位的目标，又是价值观，其核心是引领。科技引领还体现了交通事业单位的主体特征。打造国际一流是交通事业单位未来发展和达到的一种追求。反映了交通事业单位主体、成员的使命感，同时又是量化的贡献目标。“引领现代交通运输发展”和“打造国际一流创新基地”的使命追求是交通事业单位愿景核心的要素。

（三）交通事业单位愿景的表述

交通事业单位认同的未来发展方向和目标实质上就是交通事业单位的共同愿景。建立适应交通现代化要求和符合交通科技自身发展规律，构筑布局合理、资源共享、配置优化的交通科研基地和科技信息共享平台，形成一支高水平的交通科技队伍，形成强大的自主创新能力，突破一批关键技术，达到国际先进水平，全面提升公路、水路交通的科技含量，强化科技成果的转化和应用，为交通全面协调可持续发展提供有力保障。这些应该交通事业单位的总体目标，也是交通事业单位愿景的重要内容。相关交通事业单位愿景见下表。

单位名称	愿景
交通运输部规划研究院	行业权威、国内一流、国际知名；全方位、高层次、国际化、数字化
交通运输部科学研究院	新型科研院所，一流智囊机构，重要创新基地，知名中介机构
交通运输部水运科学研究院	建成行业权威、国内领先、国际一流的水路交通科技研发机构
交通部天津水运工程科学研究院	建设成为国际一流科研机构
中交公路规划设计院有限公司	确立国内路桥设计、咨询行业引领者地位，打造国内路桥设计咨询行业一流品牌企业，并努力成为国际知名的工程咨询公司
交通运输部公路科学研究院	在国内同行业综合实力最强、国际上有知名度的一流研究院

根据愿景要素的要求和交通事业单位个性化愿景的现状，交通事业单位共同愿景提炼为：引领现代交通运输发展，打造国际一流创新基地。

引领现代交通运输发展，“科教兴交”是交通行业一个基本发展战略。事实上，交通的发展都是科技先行的原则和规律，引领即是引导和先行。科技引领现代交通运输发展既是交通事业人的使命，也是交通事业单位存在的价值。

打造国际一流创新基地，是交通事业单位所追求的目标和愿景的展示。中国作为世界上的大国，其交通发展应该是国际一流。改革开放以来交通行业创造了多个世界第一、亚洲第一的项目。这中间有着交通事业单位和交通事业人的巨大贡献。打造国际一流已经得到交通事业单位、交通事业人的广泛认同。

引领现代交通运输发展，打造国际一流创新基地，既简捷地表述了交通事业单位的共同愿景，又是交通行业共同愿景——“建设一个更安全、更通畅、更便捷、更经济、更可靠、更和谐的现代化公路水路交通运输系统，实现人便于行、货畅其流，让人们享受高品质的运输服务，让经济社会发展更加充满活力，让交通与自然、交通与社会更加和谐”的重要组成部分，其共性和个性化特征非常明显。

三、交通事业单位的精神

（一）交通事业单位精神的本质

精神是一种群体风貌，也是一个组织群体意识的集中体现。交通事业单位精神是交通事业单位普遍认同的主导意识。是全体干部职工共同拥有、共同表现的群体风貌和普遍掌握的群体理念。

交通事业单位精神从属于交通精神。这是因为精神形成具有政治、道德、价值的一致性，思想政治工作、精神文明建设内容要求的统一性。交通精神即：艰苦奋斗、勇于创新、不畏风险、默默奉献。这十六个字本质上已经涵盖了交通事业单位精神，只不过交通事业单位精神的要素要贴近交通事业单位，要反映出交通事业单位这个群体精神特点来。

（二）交通事业单位精神的要素

通过对交通精神和交通事业单位精神的研究，我们发现，除了交通事业单位精神在表述上有一定的个性化特色外，其他内容与交通精神是一致的。

“求是、创新、拼搏”是交通事业单位精神的典型特征。求是是一种科学的态度。创新是事业发展的灵魂，交通事业单位要完成自己的使命，实现愿景，一刻也离不开创新。拼搏是一种意志品质，是交通事业单位的责任。发展经济交通先行，交通先行科技为先，科技为先就是要勇于探索和拼搏。拼搏还展示了交通事业单位不畏风险、不怕失败的精神。拼搏者就要经得起失败和挫折，就要不计较个人的得失，具备无私、无畏的精神。

奉献是交通行业的真情付出，也是交通事业人的基本素质。你要成为交通事业人，你就必须具备奉献精神。一座座大桥的落成，一条条高速公路的建设，一个个现代化港口、码头呈现每一个工程、项目都有着交通事业人的“奉献”。

（三）交通事业单位精神表述

交通事业单位精神是交通事业单位主体价值的升华。相关交通事业单位的精神表述见下表。

单位名称	精　神
交通运输部规划研究院	追求卓越，不断登攀
交通运输部科学研究院	开拓、创新、敬业、求实
交通运输部水运科学研究院	团结拼博，求真务实，开拓创新，追求卓越
交通部天津水运工程科学研究院	不断进步、创造完美；科研开放、人才流动；共同愿景、价值分享
中交公路规划设计院有限公司	勇敢攀登、勇于开拓、勇于创新对待工作和事业要精益求精，积极主动，有强烈的进取心，追求不断创新；面对困难，挑战和各种压力，能够努力奋斗，不屈不挠，要有勇往直前并志在成功的勇气和精神
交通运输部公路科学研究院	勇于开拓的创新精神、崇尚科学的献身精神和诚信友爱的团队精神
中交水运规划设计院有限公司	求实、进取、团结、奉献

交通事业单位精神依据交通精神的总体要求和个体的交通事业单位精神要素交通事业单位精神提炼为：求是、创新、拼搏、奉献。

求是：是交通行业最显著的精神特征。求是维系着广大人民群众的生命安全，维系着国家经济命脉，凸显了沉甸甸的社会责任和交通人的道德良知。交通事业单位文化倡导的就是严谨务实、精益求精的求是精神。

创新：交通事业单位在实现未来经济发展目标，促进经济增长必须改变依靠增加物质资源消耗的传统模式，必须依靠科技进步、劳动者素质提高、管理创新转变来实现。创新是一个国家、一个民族、一个行业发展的灵魂。为适应国家经济发展新形势，完成交通行业发展的使命，交通事业单位必须坚持科学发展观，坚持创新。创新对于交通事业单位来说，既是一种精神，也是一种责任。

拼搏：在实现由传统行业向现代化服务业转型过程中，拼搏才能实现发展现代化交通的使命。追赶世界交通运输业发展先进水平，必须加快推进发展方式转变。交通事业单位倡导的就是“先行者以奉献为骄傲，奉献者以先行为自豪”的拼搏精神。

奉献：奉献是交通事业人的基本要求。交通行业的使命、交通事业单位的使命决定了交通事业人必须具备奉献精神。现代交通运输业的发展，交通事业单位的发展要靠全体交通事业人的努力奋斗，默默奉献去完成。“把生的希望送给别人，把死的危险留给自己”的救捞精神；“爱岗敬业，默默奉献的‘铺路石’精神”；“燃烧自己，照亮别人，奉献社会”的航标精神。这些精神让交通事业人奋发向上，为国家，为行业的发展做出了巨大贡献。

陈德华，四川省甘孜藏族自治州公路管理局甘孜分局工会主席、雀儿山五道班班长。先后荣获全国交通系统劳动模范、四川省十大杰出青年、全国劳动模范、全国优秀共产党员等荣誉称号

四、交通事业单位的职业道德

（一）交通事业单位职业道德的本质

交通事业单位的职业道德是交通事业单位按照一定的价值观要求，依据国家和行业的道德标准制定的行为规范。交通事业单位职业道德具有三个本质特征：

1. 与国家和行业职业道德一致性

交通事业单位的职业道德同交通事业单位精神一样与交通行业的职业道德“爱岗敬业、诚实守信、服务群众、奉献社会”的内涵基本是一致的。只不过在职业道德的实践、职业道德的要求上具有交通事业单位的特征。

2. 是使命、愿景、精神的实践要求

交通事业单位使命、愿景、精神实践要有统一的品德规范来约束单位和个体的行为，要在一定的道德要求范围内进行实践。同时这些道德要求会促进使命的完成，愿景的实现，精神的形成。

对于交通事业单位使命的履行，职业道德是一保证。

3. 以人为本是职业道德实践的主体

交通事业单位的职业道德实践主体是交通事业单位的全体职工，职业道德宣传教育要经过主体起作用。只有交通事业单位职工的道德水准提高了，职业道德教育才有成效，只有对交通事业单位职业道德三个本质特征有了深刻的了解，才能准确定位、提炼交通事业单位的职业道德。

（二）交通事业单位职业道德要素

交通事业单位的职业道德要素是依据国家《公民道德建设实施纲要》、交通行业职业道德准则和交通事业单位个性化的职业道德内容来分析、提炼，其道德要素有四个内容：

1. 崇尚科学

崇尚科学是职业道德的基本准则。

2. 敬业守信

敬业守信是职业道德的基本要求。

3. 追求卓越

追求卓越是职业道德的质量标准。

4. 服务行业

服务行业是职业道德的价值目标。

崇尚科学、敬业守信、追求卓越、服务行业的四大要素体现了交通事业单位的道德准则、道德要求、道德质量标准、道德价值目标。

（三）交通事业单位职业道德表述

相关交通事业单位职业道德表述见下表。

单位名称	职业道德
交通运输部科学研究院	业务熟练、恪守合同、诚实守信
交通运输部水运科学研究院	诚信、求是、服务、人本
重庆交通科研设计院	院兴我荣，院衰我耻；顾客的需求与企业的利益相一致;企业的兴旺与员工的利益相一致；履约诚信
中交公路规划设计院有限公司	对用户诚信服务，对产品追求卓越，携员工共谋发展，与社会共创和谐
中交水运规划设计院有限公司	诚信守法、开拓进取、创新创效、共同发展

根据交通事业单位职业道德的要素分析，交通事业单位的职业道德提炼为：崇尚科学、敬业守信、追求卓越、服务行业。

崇尚科学：是交通事业单位职业道德的基本准则，交通事业单位的主要职能是为发展现代交通运输业提供智力、技术支持和基础服务。交通事业单位的职能、使命决定了崇尚科学是这一道德准则，崇尚科学也是践行科学发展观、实现交通的现代化需要。

敬业守信：敬业是交通事业单位职业道德的基础，守信是交通事业单位职业道德的精髓。只有敬业守信才能有高素质、高质量的服务绩效，才能有服务对象的高度满意率，才能创造出交通事业单位的服务品牌。

追求卓越：是交通事业单位职业道德的质量标准。交通事业单位的使命决定了交通事业单位的智力支持和科技保障必须要追求卓越。因为交通运输业本身就是一个公益性、社会性、公众性的服务性行业，质量安全是第一位的，交通的质量安全要在追求卓越中实现，满足社会对交通发展的需求只有追求卓越才能达到。

服务行业：是交通事业单位职业道德的价值目标。交通事业单位的价值目标就是为交通行业的发展服务。按照交通事业单位使命的要求，这种服务是提供智力支持和科技保障。服务行业也是一种奉献精神，因为服务行业要求交通事业单位做出努力和奉献，服务行业是更高的道德要求。

第五章　交通事业单位文化建设实施纲要

一、指导思想

交通事业单位文化建设的指导思想是：以邓小平理论和“三个代表”重要思想为指导，以落实科学发展观、构建和谐交通为统领，以社会主义核心价值体系为根本，弘扬中华优秀文化，继承行业优良传统，构建具有鲜明时代特征和交通事业单位特色的交通事业单位文化体系，着眼于内强素质、外塑形象，增强交通事业单位凝聚力，激发职工活力，为交通事业单位发展提供坚实的思想基础、有力的制度保障和强大的精神支持。

交通事业单位文化是中国特色社会主义文化的重要组成部分，也是社会主义核心价值体系的具体体现。

胡锦涛总书记在中共第十六届六中全会的讲话中强调指出：“我们说要建设社会主义核心价值体系，马克思主义指导地位是最根本的。要坚持不懈地用马克思主义中国化的最新成果武装全党、教育人民，使之真正深入头脑、扎根人心，转化为广大干部群众的自觉行动。”

我们所要建设的交通事业单位文化，属于社会主义意识形态范畴。必须毫不动摇地坚持以马克思列宁主义、毛泽东思想、邓小平理论和“三个代表”重要思想为指导，全面贯彻科学发展观，坚持为人民服务、为社会主义服务的方向和百花齐放、百家争鸣的方针，弘扬主旋律、提倡多样化，始终保持正确的政治方向。必须始终做到两条：一是必须坚定不移地巩固和加强马克思主义的指导地位，绝不允许搞指导思想的多元化；二是必须紧密结合形势的变化和实践的发展，发扬实事求是、勇于创新的科学精神，不断丰富和发展马克思主义。我们坚持马克思主义，关键是要坚持马克思主义的基本原理，并坚持运用它来分析和研究今天的实践。要坚持不懈地用马克思主义中国化的最新成果指导交通事业单位文化建设，始终保持交通事业单位文化的先进性。

二、基本原则

（一）以人为本，和谐发展

交通事业单位文化建设必须始终贯穿以人为本这条主线，用美好的愿景鼓舞人，用宏伟的事业凝聚人，用科学的机制激励人，用优美的环境熏陶人。从广大职工的根本利益出发，全力为每位职工搭建发展平台，提供发展机会，增强职工的责任感、爱岗敬业精神和团队意识，激发职工的积极性、创造性，达到职工价值体现于单位发展的有机统一。

（二）继承发扬，借鉴创新

文化本身的性质、内涵或者张力，

决定了它必须承载着民族、历史的东西，任何文化都不能截然割裂开文化的背景与文化的主体、客体和内容的关系。

搞好创新文化建设必须对历史积淀的优秀文化进行充分总结提炼，发扬与传承，同时又要与时俱进，借鉴具有鲜明的时代特征、行业特征的优秀文化成果，创新文化的内涵。

（三）共性指导，培育个性

交通事业单位共同的外部行业背景和成长历史，形成了具有交通事业单位特色的共性文化，但内部环境和不同的服务对象，构成了事业单位文化的个性特征。因此，要构建交通事业单位文化，必须坚持共性与个性相统一的原则，处理好共性和个性的关系，坚持以总结提炼的共性行业文化为指导，努力塑造和培育个性特色文化，注重表现形式的多样性、独创性。

（四）系统设计，全员参与

交通事业单位文化建设是一个系统工程。在理念系统设计上，需要总结提炼具有历史优秀文化传承和时代特征的文化价值体系；在配套措施上，交通事业单位文化的实施推进要与本单位战略发展规划、制度安排相匹配，保持三者之间的内在统一；在实施推广上，是一项长期任务，从计划制订、组织落实、人员安排、财务等方面的投入都必须给予充分保证，需要一个不断强化，反复灌输、考核评估与动态提升及完善的过程。因此，需要系统地进行设计，确保文化功能最大效益的发挥。同时交通事业单位文化建设是交通事业单位全体成员的共同责任，而不是个别部门或少数人的事情，要发动广大职工积极参与本单位文化建设，确保本单位文化的增强凝聚力、提升竞争力、激发职工活力的作用。

三、总体目标

交通事业单位文化建设的总体目标：依据交通事业单位发展战略总体目标一致性，力争在2020年前交通事业单位建立职工普遍认同并自觉实践的价值理念系统、行为规范系统、形象标识系统，建立遵循文化发展规律，具有时代特征、行业特点和事业单位特色的文化体系，并使其内化于心，固化于制、外化于形，为交通事业单位改革、建设、发展提供强大的精神动力和思想保障。通过交通事业单位文化建设，使交通事业单位管理水平进一步提高，职工素质进一步提升，交通事业单位形象进一步改善。增强事业单位凝聚力，激发职工潜力，使事业单位核心竞争力明显提高；培养一批学术带头人和科技领军人物；形成一批创新团队。

四、主要任务

（一）建立适合交通事业单位特点的价值体系

在交通运输部有关文化建设要求和共性文化价值体系的指导下，根据本单位特点和历史积淀的优秀文化，提炼适合本单位特点、个性化的交通事业单位文化价值体系。以文化核心价值体系统一职工的利益观、价值观、精神与理念，让职工用本单位的价值观指导自己的行动，为交通事业单位改革、建设、发展提供强大的精神动力和思想保障。

（二）建立系统的交通事业单位文化实施工作体系

为切实发挥文化价值体系对事业单位发展、核心竞争力提升、职工行为引导的作用，应在提炼了适合本单位特点的核心价值体系的基础上，建立系统的交通事业单位文化实施推广工作体系，主要包括：交通事业单位文化建设的组织领导、工作机构、明确任务及目标、责任主体、文化传播途径、完善的考核奖惩条例等。使事业单位文化建设落到实处，促进内部改革，推动事业单位向前发展。

（三）积极开展交通事业单位文化的传播推广活动

积极开展交通事业单位文化价值体系的对内对外推广活动，达到引导职工行为和改善事业单位形象、优化交通事业单位发展环境的作用。传播推广主要要完善文化宣传平台建设，如强化对职工的文化培训、组织文化活动、树立文化典型故事和典型人物、完善文化的评估机制；建立交通事业单位外部网站，树立交通事业单位文化宣传典型，总结经验，逐步推广。

从内强素质和外树形象两个方面加强交通事业单位文化建设。交通事业单位文化管理部门要结合宣传工作，对本单位文化理念进行广泛宣传，设置专栏，开展多层次、多形式的宣传活动，营造良好的文化氛围。并结合实际组织征文比赛等活动，提高职工对本单位文化的认知度，培养职工的参与意识、创新精神和健康心态，促进职工个人发展与本单位理念的统一。

（四）建立和完善交通事业单位文化的配套制度

在配套措施上，交通事业单位文化的实施推进要与其战略发展规划、制度安排相匹配，保持三者之间的内在统一，要以理念为导向，健全管理制度。建立考核、奖惩制度，把软指标变成硬任务，纳入到职工招聘、绩效考核、薪酬激励、职业发展等相关制度中，以制度来保证交通事业单位文化的推广。对以前制定的规章制度进行梳理，发现与交通事业单位文化理念不吻合的要进行修定、完善，把交通事业单位文化融入制度，让制度体现文化。

（五）建立交通事业单位文化建设实施效果评价机制

为了及时了解交通事业单位文化建设情况，不断总结经验，更好地指导下一步交通事业单位文化建设工作，需要健全事业单位文化建设实施效果评价机制，交通事业单位文化管理部门通过检查、问卷调查等各种方式，对各单位文化宣传情况进行检查和全面总结，了解职工对交通事业单位文化理念的知晓度和认同度。并结合实际检查情况进行总结，对存在问题和不足提出解决方案。

五、 交通事业单位文化建设实施方案

（一）做好交通事业单位文化建设准备工作

1. 单位主要领导支持与参与

事业单位文化建设必须得到事业单位领导的支持。事业单位领导在事业单位文化建设中起着创造者、培育者、倡导者、组织者、指导者、示范者、激励者的角色。在倡导和推行新观念和行为方式时，事业单位领导一定要切实参与事业单位文化实施活动，并靠自身的影响力，靠自己所具备的人格力量、知识专长、经营能力、优良作风、领导艺术以及对新的事业单位文化的身体力行，躬身垂范，去持久地影响和带动职工，使职工看到这种新观念和行为方式能给事业单位带来发展，给职工个人带来的更大利益。

2. 做好事业单位文化建设的宣传动员

召开事业单位文化建设的动员大会，认真学习交通运输部关于事业单位文化建设的相关文件精神、学习交通运输部交通事业单位文化建设的研究成果，宣传事业单位文化建设对事业单位发展的重要意义，提高全体职工对事业单位文化建设的认识。统一思想、提高认识、得到全员支持。

3. 成立事业单位文化建设工作机构

事业单位文化的建设与实施是一个复杂的系统工程，涉及事业单位的方方面面，需要各部门的共同努力才能做好。成立一个事业单位文化建设领导小组和工作小组，领导小组成员由单位领导层组成，工作小组成员由单位相关部门人员组成，有条件的单位，可以考虑借助外部专家或机构参与到事业单位文化建设中来。

4. 拟订事业单位文化建设计划

事业单位文化项目小组成立后，需要制订出完整的事业单位文化建设计划，主要包括下列内容：项目目标、主

要工作及责任人、时间进度安排、费用预算。

（二）开展交通事业单位文化现状诊断

事业单位文化现状诊断是事业单位文化建设的重要环节，是事业单位文化建设的重要前提和基本依据。目的是通过对事业单位文化现状的审视、分析和判断、评价，找出事业单位文化存在的问题、事业单位文化建设实施环境判断、单位的发展历史、已有的文化积淀、职工的素质和形象、事业单位的管理和制度，比较与事业单位文化建设相关要求的差距，提出解决问题的方向、建议和预案。

从诊断组织形式上来看，可以分为事业单位自我诊断和第三方诊断两大类。自我诊断是事业单位自己组织文化诊断。所谓第三方诊断，就是指事业单位聘请专业的专家或机构帮助事业单位进行诊断。自我诊断的优势是费用较少，缺点是可能面临专业程度不够和不能从中立的角度客观评价事业单位文化现状。第三方诊断的优势是专业程度高、相关工具和手段比较完善、经验比较丰富、能站在中立客观角度审视事业单位文化建设现状，缺点就是成本相对较高。

从诊断方法来看，主要有：

（1）观察法：对事业单位工作现场进行实地观察，通过对这些表面信息的观察，获得对事业单位文化现状实质性的、有应用价值的认识。观察的内容包含事业单位环境，职工的衣着举止谈吐、纪律性和精神状态，领导者领导能力、气质，人际关系和谐程度，各类文体设施等。

（2）座谈法：座谈法是请一部分职工召开座谈会，职工对调查的内容畅谈自己的看法，以此来发现大家在事业单位文化建设方面的意识和倾向。座谈法实际上也是一种人际关系的了解和分析，了解人们对某些思想和行为的看法的相似性。

（3）访谈法：访谈法是对个人进行深入了解。它与座谈法相比，要谈得更加具体深入。由于访谈是一对一进行的，便于了解不同的人对同一问题的看法是否一致，便于了解被访者行为背后的内隐概念和价值取向。访谈时应该注意被访者的情绪变化，及时调整谈话内容。

（4）问卷法：问卷法是了解事业单位文化基本状况及其职工对调查内容认同情况的基本方法。运用问卷法要精心设计问卷，力求体现事业单位文化的核心与精髓。

（5）文献分析法：文献分析法是对事业单位已经形成的档案资料、制度进行查阅分析的方法，运用资料法的意义主要在于了解事业单位的历史、了解目前的事业单位文化积淀、探悉事业单位文化形成的原因、寻找到重塑事业单位文化的动力，所以，查阅文献资料一定要把握住重点。

（三）分析比较交通事业单位文化差异

1．建立适合交通事业单位特点的文化模型

交通事业单位文化建设要结合交通事业单位公共价值理念体系和事业单位个性特点，基于事业单位自身发展历程的单位价值观差异和单位管理模式差异，建立适合单位特点的事业单位文化模型。

2. 交通事业单位文化差距分析

通过对事业单位文化的诊断、交通事业单位文化建设要求、交通事业单位公共价值理念体系和事业单位个性特点的文化模型，可以明确分析现有的事业单位文化的差距。分析方法如下：

（1）调研当前事业单位文化现状，并找到目前事业单位的主导文化类型与事业单位不同业务单元文化的一致性和差异性。

（2）比较目前事业单位的主导文化类型与交通部门事业单位文化建设要求和交通事业单位公共价值理念体系的差异，发现目前事业单位文化的不足之处。

（3）总结事业单位内部优秀文化积淀，找到需要保留的事业单位个性文化特征。

（4）探索文化改进或者变革的突破口、突破阻力应配备的管理资源、改革风险以及应对措施。

（四）建立适合交通事业单位特点的价值体系

在交通运输部交通事业单位文化建设相关要求和交通事业单位文化共性理念体系下，建立适合事业单位特点、富有个性的事业单位文化体系。

1. 总结提炼交通事业单位精神文化

事业单位精神文化内容主要包含事业单位精神、事业单位使命、事业单位战略、共同愿景、核心价值观、经营理念和价值观等。在事业单位文化精神提炼中必须注意：① 市场发展的前景及国际化趋势，体现事业单位发展历史及对未来的追求；② 体现事业单位在发展中所形成的共同意识及区别于其他单位的个性。

2. 设计事业单位制度文化

事业单位制度文化是事业单位文化的重要组成部分，是塑造事业单位精神文化的根本保证。通过加强制度文化建设来进一步激励、教化、引导职工，这是一个明显的趋势，通过制度建设规范事业单位成员的行为，并使事业单位精神转化为事业单位成员的自觉行动。制度文化是精神文化的基础和载体，并对事业单位精神文化起反作用。

3. 完善交通事业单位物质文化

事业单位物质文化主要内容包含：设计和完善事业单位标识系统；研究提出在搭建平台，引导事业单位文化产品的创作，进行形象展示和宣传活动方面应开展的工作。

事业单位物质文化主要工作：

（1）设计和确定事业单位的名称、标志、标准字及标准色，集中表现事业单位的物质文化。

（2）规划和营造事业单位外貌，包括自然环境的绿化美化、办公区域的优化布置等，营造人们对事业单位的第一良好印象。

（3）设计和确定事业单位徽章、旗帜、服装和歌曲等。可聘请专业人员精心设计，事业单位领导和职工积极参与，以此为载体，形象地反映事业单位文化的深刻内涵。

（4）加强文化设施和阵地建设。包括事业单位自办的报纸、刊物、计算机网络、宣传栏、橱窗等。

4. 总结优秀文化典型案例

先进的典型人物和典型事迹是事业单位精神、理念生动、形象的体现和象征，具有很强的示范、辐射、传承作用，没有个性鲜明的典型就没有独特的事业单位文化。因此，在事业单位文化的建设和培育过程中，要注重总结实际案例。通过正反两个方面的人和事件的案例，总结和提炼事业单位文化的生动内容，使本单位的事业单位文化，包括文字表述、图案展示、实际案例、人物事迹等，形成完整的体系。

（五）开展交通事业单位文化传播推广活动

1. 交通事业单位文化内部传播

事业单位文化是一种群体文化，事业单位精神也是一种群体精神。它只有转化为事业单位职工信奉的和遵循的心理习惯与行为模式时才能发挥作用。因此就必须在本单位范围内广泛传播和阐释，使事业单位具有上下统一的价值观和行为准则，并最终将事业单位精神内化为各职工自己的价值观念，通过自身行为表现出来，从而增强事业单位凝聚力、竞争力。

事业单位文化内部传播的形式多样，可根据各自的具体条件采用，但要遵循一个原则就是形式创新，注重实效。在事业单位文化建设的内部传播方面可首先采取一些最基础、最直观、最有效、普及面广、成本低、易于操作的形式。主要传播推广形式有：

（1）交通事业单位文化培训

加强管理层事业单位文化培训，因为管理者在事业单位文化建设中的领导、示范作用，因此，把事业单位文化建设同事业单位的经营管理活动相结合是十分必要的，文化建设的内部传播要先从管理层人员做起。

加强在职人员的文化培训，如对“新进人员训练”、“新任主管人员训练”等培训项目中，安排“事业单位文化”课程，由单位高层领导或事业单位文化部门向受训人员传播单位的事业单位理念和事业单位文化。

(2) 组织文化活动

事业单位文化活动可以为事业单位文化服务，成为事业单位文化的重要载体。通过这种载体，既能活跃职工的生活，减轻工作紧张感和疲劳感，增加人们的生活情趣，也能够使职工置身各种文化活动之中，潜移默化地受到事业单位文化价值观的熏陶与感染。

事业单位的文化活动可以分为多种类型：

专题竞赛类。比如辩论赛、演讲赛、知识竞赛、擂台赛、征文大赛、故事会、设计大赛。

沟通类。比如高管开放日、网上聊天、对话会。

知识类。比如读书活动、文化沙龙、论坛。

娱乐类。比如联欢会、卡拉OK、影视欣赏、音乐会。

艺术类。比如书法展、摄影展、绘画展。

体育竞技类。比如球赛、登山。

(3) 反复诵读和领会交通事业单位文化

事业单位可以把单位的使命、愿景和精神等，让职工反复诵读和领会，是铭记在心的有效方法。如每天上班前，职工同时朗读事业单位精神，一起唱单位歌等。

(4) 建立常态的沟通渠道

一是建立职工提案制度，职工可以通过提案提出对单位各方面的改善建议，全面参与单位管理；可以对现实的问题进行评论、建议或投诉。单位相关部门限期对有关问题的处理结果予以反馈，使职工所有提出的问题会得到答复。

二是举办事业单位内刊、布告栏、公告、函件、意见箱可以使职工及时了解单位的大事动态和丰富职工的工作生活。

(5) 交通事业单位文化仪式

文化仪式是指事业单位内的各种表彰奖励活动、聚会以及文娱活动等。仪式是一种重复出现的活动，活动目的在于彰显组织重要的价值观、最重要的目标、最重要的人等，使人们通过这些生动活泼的活动来领会事业单位文化的内涵。文化仪式主要有：单位创立纪念日、节日慰问制度、年终表彰大会、例会讲评制度等。

(6) 交通事业单位文化故事与人物宣传

交通事业单位都有一些广为流传的典型事件和典型人物的故事，通过总结提炼一些与事业单位发展、管理等体现单位文化特点的典型事件和优秀人物的故事，并利用各种宣传手段广泛宣传，达到对职工启发、引导和教化的作用。

2. 交通事业单位文化外部推广

（1）交通事业单位文化外部传播的意义

事业单位是社会的一部分，事业单位文化的建设除了注重对内传播，还要关注对外传播。事业单位文化的对外传播，是把事业单位的价值理念、单位和职工形象、产品和服务向社会公众广为传播。

通过事业单位文化的外部传播可以使社会、政府和有关机构、有关企业、个人更好地了解事业单位，从而促使事业单位与其他组织间关系及行为的协调，为事业单位的发展创造良好的社会环境。可以把事业单位的服务信息与文化信息紧密结合在一起，赋予服务以文化的内涵，通过外部传播，给社会公众留下美好印象，得到社会公众的尊重，在公众感受独特事业单位文化的同时，对事业单位的服务产生信任感，从而树立事业单位的品牌。可以通过文化的感召力影响社会，优秀的健康的事业单位文化必然具有社会感召力，赢得社会公众的认同和尊重，从而扩大事业单位的社会美誉度。

（2）交通事业单位文化对外传播的渠道

渠道一：大众媒体传播。按照传播媒介方式的不同，把大众媒体大致分为四大类：① 纸媒介的传统报纸杂志；② 电波为媒介的广播；③ 基于电视图像传播的电视；④ 基于互联网传播的网络媒体。

渠道二：公共关系传播。按照事业单位与公众的沟通关系大致可以分为四种类型：

① 宣传型公共关系。宣传型公共关系是指运用大众传媒和内部沟通方法开展宣传工作，比如开展对社会媒体的新闻报道，组织对外的演讲讨论等。

② 交际型公共关系。交际型公共关系是指通过人与人的接触进行直接的交流，为事业单位广结良缘，建立广泛的社会关系网络，形成有利于事业单位发展的人际环境，如举办客户座谈会等。

③ 服务型公共关系。服务型公共关系是指以提供优质服务为主要手段，以实际行动获取公众的了解和社会的好评，塑造事业单位的美好形象。

④ 社会型公共关系。社会型公共关系是指利用各种社会性公益活动塑造事业单位形象。特别是发生重大突出性事件承担社会责任，实施赞助活动，以此扩大事业单位影响，赢得社会声誉。

渠道三：建立和完善事业单位外部网站。网络作为新的信息传播载体，能够比报纸、广播、电视等传统新闻媒介更为快捷、广泛、低成本传播信息，而且还具有多媒体、实时性、交互性、可检索等传播信息的独特优势。事业单位要重视建立自己的外部网站，将之作为事业单位文化外部传播的便利工具。

（六）角色定位

1. 管理层

管理层是事业单位文化理念的倡导者，文化实施的发起者、推动者和第一执行者。管理层对事业单位价值理念的高度认同、强力推动和身体力行是事业单位文化充分发挥作用的根本动力。

2. 执行层

执行层是事业单位文化的主要推动者，承担着事业单位文化的日常宣导、培训、监督和管理的责任。

3. 操作层

操作层是事业单位文化的具体实践者，应主动学习和领会事业单位文化的内涵，认同事业单位文化，融入事业单位文化，通过自己的行为体现事业单位文化。

（七）保障措施

1. 组织保障

事业单位文化的建设与实施是一个复杂的系统工程，涉及事业单位的方方面面，需要各部门的共同努力才能做好，可以考虑设置两级职能。

（1）成立文化建设实施领导小组，成员由单位主要领导层组成。主要职责是对事业单位文化建设和实施推广的重大问题（如文化理念的调整、年度文化主题的确定、年度文化预算的计划、重大文化活动的设计等）讨论决定。

（2）设置文化建设工作小组，成员由单位相关部门人员组成，如党政工、综合事务部、人事、财务等部门，只有设立事业单位文化管理及推广的执行机构，文化建设工作才能常态化，其主要职责是对单位文化战略思考与单位文化现状分析、制定单位文化实施程序与相关的配套制度、协调各部门的单位文化实施活动、对单位文化实施效果评估。采取多种形式做好事业单位文化的宣传，强化事业单位文化对职工行为的影响，对外通过多种形式，充分展示单位形象。

2. 经费保障

实施事业单位文化建设工作，经费保障是前提。各项事业单位文化实施活动的开展需要一定的经费，对于在事业单位文化建设过程中表现突出的团队和个人也应当予以适当的奖励，这也需要一定的经费。可以设立专项的事业单位文化建设基金，并出台相应的基金使用的规章制度，以满足正常的事业单位文化实施工作的需要。

3. 制度保障

事业单位文化的实施是一个长抓不懈的工作，因此也需要建立事业单位文化建设的长效管理机制做保证。

（1）从实际出发，建立必要的组织制度。要明确在事业单位文化建设实施过程中各部门的工作职责，建立分工负责、关系协调的事业单位文化建设责任体系，保证事业单位文化建设工作的顺畅运行。在人员的使用和经费上也应给予保障。

（2）建立考核评价和激励机制，定期对事业单位文化建设成效进行考评和奖惩。事业单位文化工作要纳入公司的考核体系，作为考核的内容之一，定期检查，严格考核，并将考核的结果与各部门的绩效挂钩。对于在事业单位文化建设中表现突出的部门和职工也应该制定相应的激励制度。

（八）文化提升

1. 事业单位文化评估

（1）评估的目的

掌握事业单位职工对文化理念的认知与认同程度；掌握职工行为是否符合事业单位文化要求；检验主要管理政策、制度是否与事业单位文化理念具有一致性；在此基础上，为今后文化的动态提升提出变革思路。

（2）评估的内容

事业单位文化评估的内容主要包含：对事业单位文化的保障措施、价值理念合理性、传播体系完善程度、文化实践程度、文化影响程度和对事业单位文化实施效果的评估体系完善程度六个方面进行的评估。

（3）评估的方法

事业单位文化评估方法主要包含：问卷调查、访谈、文献分析、现场调查等，通过对关键文化特性的分解，把文化特性与事业单位经营管理的核心要素、事业单位管理及职工的行为联系起来，从多个角度诠释事业单位文化的特征与影响，为全方位考察事业单位文化与事业单位经营管理之间的关系，提供有效的测量、评估的方法和工具。

（4）评估的结果及其应用

事业单位文化评估完成后，形成事业单位文化评估报告，报告内容包含事业单位背景及环境分析（战略、管理、制度），事业单位文化体系实施取得的成绩，存在的主要问题及成因分析，今后文化提升的主要目标和思路。

事业单位文化评估报告完成后，要体现到文化提升方案中，并最终落实到日常工作改进中。

2. 事业单位文化的提升

在对事业单位文化评估的基础上，组织对事业单位文化持续改进和提升活动，具体做法如下：

（1）对那些符合事业单位发展要求，行之有效的文化理念、职工行为和制度体系，要在坚持的基础上弘扬其精神、强化其执行；对那些不再适合事业单位发展战略和管理实践的文化理念、职工行为和制度体系，要及时坚决予以改进。

（2）对已经提炼总结而确符合单位实际但未得到有效贯彻的理念，应改进方法、强化监督和考核，积极把文化体系落实到位。导致事业单位文化理念没有执行有两个基本情况：一是认识的还不到位，缺乏指导行为的操作性内涵，这就需要进一步提升；二是虽然理念很好，也具有操作意义，但并没有重视去执行，或者在执行过程中缺乏力度、监督和考核，没有见到好的结果。因此，要针对可操作性对理念进行进一步的完善，针对理念执行效果强化执行力度。

（3）事业单位在发展过程中会积累很多独特的感悟、理念和方法，应当对这些宝贵的经营管理思想进行挖掘和整理。将没有明确意识到的思想，通过交流和研讨加以挖掘，将散见于个人、各部门的各种创见进行专门的系统收集、整理、归纳，然后提炼到文化理念的高度融入到现有文化体系中。

（4）对事业单位文化中还尚未完善的文化理念体系，要根据事业单位经营管理的发展要求，进行大胆创新和摸索，形成自己的独特思想；也要积极与外界交流，引入外界成功的、可以借鉴的思想为我所用。

3. 文化理念的调整

事业单位文化理念包括核心理念和基本理念两部分，每一部分的调整周期是不同的。

（1）事业单位的愿景、使命、单位精神和核心价值观，是事业单位文化的核心理念，从设计原则上要求，应该能够在相当长时期内指导事业单位的发展战略和管理过程，即使经营业务类型、事业单位重要领导人、市场环境等发生重大变化也不需要更改。只有对这些核心理念的坚持，才能抵御各种随机冲动，才能让事业单位战胜各种挫折，保持稳健发展步伐。但其内涵解释可以做适当的补充或完善。

（2）对事业单位的基本理念部分，即经营理念、管理理念要动态适应事业单位的战略要求和环境变化。一方面，这些基本理念的内涵要调整；另一方面，这些理念的组成也可以调整，可以更换或者补充、取消某个理念。基本理念的调整主要依据是每年的文化评估、战略变化、新的管理方法的要求、经营环境的重大变化、重要领导人更换引起的领导风格的变化等。

第六章　交通事业单位文化建设成果

一、以核心理念为先导、科学筹划、全面推进文化建设

——交通运输部科学研究院文化建设实践

交科院大楼

交通运输部科学研究院（简称“交科院”）成立于1960年，是交通运输部直属的综合性科研单位，主要面向政府主管部门和整个交通行业开展前瞻性，公益性和基础性研究。经过50年的发展，已经形成了交通决策支持、交通信息化、交通环保与安全、城市交通、交通标准计量与认证、工程技术与检测、交通科技中介服务7大主要业务。

近几年来，交科院把文化建设工作与促进现代交通运输业发展结合起来，与落实交通运输部党组提出的“学先进、树新风、创一流”活动，着力建设社会主义核心价值体系和构建交科院共同的价值取向结合起来，外树形象，内聚心力，积极营造和谐、健康、积极向上的文化氛围，为广大干部职工搭建愿干事业，能干事业，干成事业的平台，全面提高全院干部职工队伍素质，文化建设取得了一定成绩。

（一）交通运输部科学研究院核心价值体系

交通运输部科学研究院的核心价值体系详见下表。

发展目标	新型科研院所，一流智囊机构，重要创新基地，知名中介机构
发展宗旨	让交通运输部满意，让广大用户满意，让全体员工满意
发展思路	以需求为导向，以效益为中心，以质量为宗旨，以创新为动力
发展战略	科研立院、产业富院、人才强院
交科院精神	开拓、创新、敬业、求是
管理理念	科学化、规范化、人性化
服务理念	主动服务，优质服务，高效服务
职业道德	业务熟练，恪守合同，诚实守信
行为规范	自尊、自律，互敬、互助
质量理念	过程控制、严格把关
诚信理念	恪守合同、保质保时

续表

人才理念	发展事业、成就自我
创新理念	独立思考、学术民主
品牌理念	内强素质、外重宣传
合作理念	优势互补、合作共赢

（二）交通运输部科学研究院文化建设特色

1. 积极探索，勇于创新，不断改进文化建设方法

为全面深入推进文化建设，提高管理水平，增强职工的凝聚力和向心力，提升竞争力和影响力，交科院制定了《交科院文化建设纲要实施办法》，对交科院的文化建设进行了全面筹划。

自实施以来，交科院积极探索，勇于创新，也不断改进文化建设的方法，推动纲要的实施，目前，干部职工的认知度和参与率极高。

2008年，院工会开通网上“职工之家”，通过网络平台架起了院领导与职工之间沟通的桥梁。

2009年，交科院按照统一风格对外网进行了全面改版；此外，还通过播放《交科院文明我先行》、《机关事业单位礼仪着装》和《节能从我做起》等教育片，使职工增强了文明意识，营造了良好的文化氛围。

交科院已实施VI（视觉识别系统），对常用办公工具做了统一，进一步规范了院的形象管理。

针对青年工作，交科院对青年职工状况进行全面调研，及时跟进和了解青年思想，积极参加部直属机关党委举办的“五四”青年论坛，出版了《青年工作动态》，建立了青年热点讨论QQ群，为现代交通运输业发展献计献策；积极探索分部门、分领域、分区域的青年工作小组模式，使各项工作和活动影响全体青年。

2. 丰富载体，立足实践，提高文化建设的认知度和参与度

不断立足实践，利用简报、简讯、政务（党务）信息、墙报、内外网、电子大屏幕、会议等多种载体，开展创建“青年文明号”和“文明处室”，争当“岗位标兵”和“先进工作者”，设立“青年创新奖”、主题党日及“两优一先”评选等活动。目前正按照部统一部署，深入开展创先争优活动，不断提高干部职工对文化建设重要性的认识，提高广大干部职工参与文化建设活动的认知度和参与度，把具有交科院自身特色的文化理念内化于心、固化于制、外化于行。

专题学习会

3. 注重宣传，加强引导，有序推进核心价值体系建设

近几年，交科院高度注重宣传，充分利用科研单位优势，将交科院多年来的主要科研成果和核心研究领域，系统整理形成大量生动的文字、形象的图片以及清晰的视频材料，积极构建核心价值体系，并在行业内外进行了广泛的宣传，取得了良好效果。

交科院结合工作实际，按照工作的各个阶段，主动报送政务（党务）信息，让上级领导及时了解院发展情况。先后出版了两期院宣传册，有效提升了对外形象。今年交科院还将围绕建院50周年开展一系列活动，包括整理出版大事记、建立荣誉墙和3D数字荣誉陈列室、评比表彰、召开庆祝大会活动等，进一步增强全体干部职工的荣誉感、归属感和认同感。在刚刚结束的由交通运输部主办、交科院具体承办的“第十届国际交通技术与设备展览会”上，交科院把握契机，积极参加展会，以突出“喜迎建院50周年”为主题，运用多种形式充分展示了交科院半个世纪尤其是近些年的快速发展，给参观人员留下了深刻的印象。

4. 建章立制，规范管理，为文化建设健康发展保驾护航

在制度文化建设方面，近年来，交科院结合学习实践科学发展观活动以及审计整改要求，对院规章制度体系进行了进一步完善，为交科院科学化、规范化管理奠定了坚实的基础。

人事管理方面，深化人事分配制度改革，建立和完善岗位责任制，实施更加科学合理的绩效考核与薪酬体系。

科研管理方面，规范了院科研项目经费使用、审核工作，改进和完善符合科学发展规律与院发展实际的科研项目管理。

产业管理方面，积极推进院属公司整改工作，完善企业激励与约束机制，积极落实企业财务集中监管制度。

科研条件方面，制、修订了《实验室管理规定与制度汇编》、《物资设备管理办法》、《基本建设管理办法》等制度。

综合治理方面，重视保密工作，提高保密技术手段，注重综合安全治理工作，制、修订了涉及保密、印章、公务用车等制度。

支部建设方面，结合新时期科研单位基层党组织特点，积极探索党支部工作考核模式，将党支部工作、党支部组织建设、党支部活动等多项内容纳入到年底考核中，增强了考核的针对性，促进了基层党支部建设。

管理体制的不断完善，使全院干部职工的责任意识、规范意识、目标意识不断增强，每项工作都做到有法可依，有章可循，为文化健康发展创造了良好的环境。

同时，交科院领导班子坚持以科学发展观为指导,认真贯彻落实中纪委和全国交通廉政工作会议精神，加强领导班子成员执政能力和廉政文化建设，强化权力运行监控机制，发现问题及时纠正，把反腐倡廉工作融入交科院的各项工作之中。提高领导班子驾驭全局的能力，准确把握党建工作和事业发展的重点，党风廉政建设取得了较好的成效，不仅促进了领导班子成员廉洁自律，也为全院党员干部起到表率作用，为文化建设起到了保驾护航的作用。

召开党风廉政教育月动员会，学习贯彻《廉政准则》，进行反腐倡廉教育

点评：

作为交通运输部直属的综合性科研单位，自2000年重组以来，以“为交通运输部服务、为交通运输行业服务”为宗旨，以“开拓、创新、敬业、求是”为核心理念，大力开展文化建设，并根据现实情况，突出特点，分步骤推进。通过几年来的建设，广大干部职工爱岗敬业、开拓创新、团结和谐的精神风貌进一步体现，形成了“创先争优，人人参与”的良好局面。

二、服务政府，服务行业，做交通运输部智囊团

——交通运输部规划研究院文化建设实践

交通运输部规划研究院（简称“规划院”）于1998年3月成立，是由原交通部公路规划设计院和原交通部水运规划设计院中从事规划工作的部门成建制合并组成的。

主要承担公路、水路、交通运输支持系统发展规划研究、战略研究，政策研究，重点建设项目受部和发改委委托

交通运输部规划研究院

审核评估，应急性与临时性工作。

规划院于2005年就制定了《组织文化建设纲要》，明确了以“服务政府，服务行业，做交通部智囊团”为价值观，“追求卓越，不断登攀”为规划院精神，“树品牌、出名人、出精品”为目标，多年来，规划院围绕这一纲领，坚持不懈地推进文化建设，取得了一定的成绩。

（一）围绕中心奋力拼搏，支撑行业发展

1998年建院以来，规划院紧紧围绕事关经济社会发展的交通重大问题，社会普遍关注的交通热点问题，创造性地开展工作。10多年来，承担完成了交通发展规划研究、战略研究及政策研究，公路、水运、支持系统建设项目前期及后期评价，规划项目环境影响评价，交通行业规划理论方法研究，交通量和运量调查及预测，交通规划数据库建设及维护，交通建设项目工程咨询，预、工可研究及报告编写，工程设计与施工咨询等600多项；完成交通基础设施重点建设项目预、工可项目及代交通部审核与代国家发展改革委评估咨询1300余项。其中，国务院批准实施由规划院编制的《国家高速公路网规划》、《农村公路建设规划》、《长江三角洲、珠江三角洲、渤海湾三区域沿海港口建设规划》、《全国沿海港口布局规划》、《全国内河航道与港口布局规划》、《国家水上安全和救助系统建设规划》6个国家级规划以及长三角、泛珠三角、东北老工业基地、中部崛起、京津冀暨环渤海等区域交通发展规划等，构成了覆盖国家高速公路、农村公路、沿海港口、内河航道与港口、水上安全监管和人命救助等较为完整的交通长远发展规划体系，为交通行业的全面协调和

可持续发展提供了强有力的支撑。

规划院直接参与了全国公路、水路交通行业"十五"、"十一五"发展规划的编制工作。完成了《交通（公路、水路）产业结构调整战略研究》、《西部地区公路主枢纽建设技术政策研究》、《内河航运与水系开发研究》、《川主寺至九寨沟公路环保与景观设计关键技术研究》等关系未来20年至30年公路水路交通发展的国家级、部级重点项目和研究课题数百项，以及公路、水上交通管制方面的设计及咨询项目300多项。近年来，规划院广泛开展国际合作与交流，先后与世界银行、亚洲开发银行等国际金融组织与国外咨询机构合作，参与了东盟10+1、湄公河开发、欧亚大陆通道等方面的课题研究，为国家、交通行业及地方政府交通基础设施建设决策提供了技术支持。

京沈高速公路

海南环岛高速公路

重庆长江航运中心

川主寺至九寨沟环保示范公路

深圳港

苏州港

烟台交管中心

（二）高度重视能力建设，拓展业务领域

规划院始终把提升核心竞争力作为强院之本。通过不懈努力，现已具有公路、港口河海工程（含水上交通管制工程）、通信信息专业甲级工程咨询资格证书，水路行业、电子通信广电行业通信工程类和公路行业甲级工程设计证书，生态建设和环境工程专业丙级工程咨询单位资格证书和国家环境保护总局认定的规划环境影响评价资格。2004年被国家发改委确认为能够承担国家发改委委托投资咨询评估任务的咨询机构，是交通部系统唯一被确认的机构，位居全国经确认35家咨询机构的第二位。规划院的业务范围，从当初的以规划和审核为主，发展为公路水路支持系统发展规划研究、战略研究、政策研究、信息研发、规划环评等业务领域。最近几年，又开展了工程咨询、工程设计、国际合作等业务。

国际咨询工程师联合会成员协会会员证书

（三）不断优化人才结构，壮大技术队伍

规划院非常重视专业人才队伍建设，采取了搞活用人机制、加大人才引进力度、强化在职培训和继续教育等一系列措施，使干部职工的学历、能力、专业和年龄结构较建院时有了较大改善。规划院非常重视专业人才队伍建设，采取了搞活用人机制，与建院之初相比，在45人退休、一批精英调出担任重要职务的情况下，总人数从155

人增加到260人；博士从2人增加到28人，硕士从7人增加到101人，成绩优异的高级工程师从3人增加到23人，高级工程师从79人增加到97人。9名享受政府特殊津贴专家，34人获得注册咨询工程师执业资格，17人获得中国工程建设高、中级职业经理人资格，70多人入选部级公路、水运、信息、环保等专家库，培养了一大批既掌握先进的理论方法，又具丰富经验的技术骨干。

规划院专家赴四川灾区调研公路损毁情况

（四）着力加强基础建设，增强核心能力

规划院非常注重基础建设，在基础设施建设、数据资料收集积累、科技档案、信息化、办公自动化等方面做了大量卓有成效的工作。部领导、部机关对院办公条件的改善给予了大力支持，规划院也自筹了一笔经费，经过两届领导班子和全院职工的艰苦努力，新业务用房在2007年9月底启用。规划院交通规划信息系统二期工程和水上交通安全实验室正在建设，对增强规划院的核心能力又将产生重要的作用。

（五）逐步开展系列改革，建立激励机制

规划院2000年在交通系统率先开展了人事制度系列改革。2002年、2004年和2007年又进行了三次改革。通过改革，适时调整了内设机构，拓宽了工作领域；调整了部分处室和某些领导岗位的职能，强化了责任制；在干部人事制度方面，逐步建立了“竞争上岗”、“能上能下”的用人机制；在分配制度方面，逐步完善了重实绩、重贡献、向优秀人才和关键岗位倾斜、形式多样的分配激励机制；在生产组织管理和核算机制方面，逐步强化了向业务部门“放权”和“让利”的政策。每次改革都进一步完善了激励约束机制，进一步调动了广大干部职工的积极性和创造性，促进了院的发展。

（六）加强领导班子建设，构建核心能力

规划院党委充分发挥政治核心作用，围绕中心，服务大局，把建设“团结、高效、创新、廉洁”的领导集体作为工作目标，把“想大事、顾大局、为大家”作为对班子成员的根本要求。认真贯彻执行民主集中制原则，严格按工作规则办事，积极发挥职代会和工青妇群众组织的作用，广泛发扬民主，形成了比较完善的工作机制。领导班子成员团结奋进，党政之间协调一致，使各项工作得以顺利开展。院党政领导班子得到广大干部群众的信任和拥护。

认真开展深入学习实践科学发展观活动

（七）开展组织文化活动，推进文化建设

规划院较早就制定了《组织文化建设纲要》，着力培育以办院方针、发展目标、价值观为主要内容的组织文化，大力倡导“以人为本、以院为家”，“仪表得体、待人礼貌、室内整洁、秩序良好、工作守纪、厉行节约”。2007年9月迁入新楼办公，及时修定了《创建先进文明处室活动实施办法》，制定了《院办公楼管理办法》，持续开展组织文化建设活动，用先进文化增进员工的责任感、归属感和自豪感，促进共同的价值取向和行为模式的形成。

工青妇和各部门积极开展各种文体活动，主动关心退休人员、病休人员和单身职工。许多部门把年休假与开展活动结合起来，有的部门把职工婚礼与联欢结合起来，有的部门把新春联欢会与退休人员交流结合起来，院每年组织一次大型春节团拜联欢会，促进了相互沟通与交流，推动了院全面协调可持续发展。

另外，规划院积极投身各项社会公益活动，积极参与社会活动。

参加中央国家机关第二届职工运动会

向贫困地区捐赠

帮助贫困地区儿童

点评：

建院10多年来，规划院在文化建设方面取得了令人鼓舞的成绩。这些成绩的取得，最主要的经验在于，自建院以来，规划院始终坚持做到：①立足于两个服务：坚持“服务政府、服务行业，当好交通部智囊团”。②突出了三个重点：一是抓创新；二是强队伍；三是创品牌。③发挥了四个优势：一是充分发挥了公路水路重大规划项目和传统规划项目的绝对优势，开展重点规划和重点课题的研究；二是充分发挥了在交通行业战略性、宏观性、政策性研究领域的领先优势，进行前瞻性课题的研究；三是充分发挥了以战略研究为龙头，以信息研发为基础，以公路、水路规划为主体，以安全环评、设计、咨询为增长点的综合优势，为交通部和交通行业提供全方位服务；四是充分发挥了在交通重点建设项目审核（评估）上的特有优势，保障交通基础设施建设的持续发展。

三、求是创新，力臻卓越

——交通运输部公路科学研究院文化建设成果

交通运输部公路科学研究院（简称“公路院”）是我国公路交通领域唯一一所部直属的科研机构。主要从事道路、桥梁、交通工程、智能交通、公路运输、汽车运用、公路环保、交通物流等科学研究与技术开发工作。经过多年的发展，拥有一批包括中国工程院院士在内的交通行业国内外知名专家。现具有道路与铁道工程、桥梁工程、交通工程3个专业硕士学位授予资格，具有与东南大学联合培养交通运输工程一级学科博士生资格，建立了博士后科研工作站。利用中加合作项目建立的交通人才发展中心面向全行业培养技术与管理人才。拥有位居亚洲一流的公路交通试验场地。

公路院公路交通试验场

（一）公路院院训

求是创新，力臻卓越。

（二）公路院的核心理念

一是大力弘扬勇于开拓的创新精神；二是大力弘扬崇尚科学的献身精神；三是大力弘扬诚信友爱的团队精神。

（三）公路院制度文化

公路院于2005年对规章制度进行了汇编。2009年2月24日，正式发布公路院视觉形象识别系统（简称“VIS”）。VIS是组织文化建设中的一部分，目标是为了凝聚人心，扩大公路院影响力，促进公路院文化建设。制定了《公路院组织文化纲要》。

（四）以精神文明建设促进文化建设

公路院伴随着新中国成立60年来，肩负为公路交通发展提供科技支撑的历史使命，励精图治、艰苦创业，特别是改革开放30年来，公路院不断改革创新、快速发展、科学发展，在组织结构、队伍建设、条件建设、产业开发等方面已日臻成熟，取得了令人瞩目的成就，逐步成长为中国公路交通的技术创新基地、成果转化基地和人才培养基地。拥有雄厚的科研实力和完备的学科设置，形成了以道路桥梁、交通工程、智能交通、公路运输、汽车运用、公路环保和交通物流为中心的学科布局，成为中国公路交通科技领域学科最为齐全的科研机构，是名副其实的“国家队”。60年来完成科研成果1262项，其中国家项目89项；获国家与省部级科技成果奖共计329项，其中全国科学大会奖20项，国家科技进步奖48项，国家发明奖3项，省部级科技进步奖258项。先后成立了15家高新技术企业，完成设计910项、工程226项、监理221项、检测1015项、咨询评价452项、产品304项，获得各种工程奖项50项。

公路院现有专业技术人员690人，其中中国工程院院士1名，国务院参事1名，博士生导师6名，正高级职称46名，享受政府特殊津贴专家46名，国家中青年突出贡献专家4名，国家百千万人才4人，交通科技英才7名，交通部十百千人才10人。

至今已获得2001、2002、2003、2004、2006、2007、2008年度中央国家机关文明单位荣誉称号。

2009年全院职工在交通运输部党组和院党委的统一领导下，抓住公路交通大发展的良好机遇，开拓进取、深化改革，将科研生产和创建文明单位的工作紧密结合在一起。院党委注重加强各级领导班子建设，充分发挥基层党组织和优秀共产党员、共青团员的骨干带头作用，坚持以科学发展观统领各项工作，大力加强思想政治工作，促进了两个文明建设协调发展。

1. 领导重视、保障有力是公路院精神文明创建工作取得初步成效的根本原因之一

院党委高度重视精神文明建设领导机构和办事机构的建设，于1995年成立精神文明建设领导小组和办公室，并根据人员调动情况，定期对精神文明领导小组和办公室人员进行调整，制订公路院精神文明建设五年规划。由院党委统一领导，主要领导亲自抓，班子成员分工抓。实行工作责任制和目标管理，责权明确，做到有部署有定期检查，并将精神文明创建工作列为各单位的年度工作重点，也作为考核各级领导班子的重点。同时充分发挥工会、共青团和妇女组织的作用，有力地推动了全院精神文明建设工作的开展。

2. 加强规章制度建设和思想政治工作是公路院精神文明创建工作取得突出成效的根本原因之二

各项规章制度对职工的价值取向、道德行为有着直接影响。职能部门在制定规章制度时，不仅注重所的科研事业发展的需要，而且注重体现社会主义精神文明和道德建设的要求，在体现出保护和支持通过正当合法手段获取个人和团体利益的行为的同时，提倡和奖励多为他人和社会作奉献、道德高尚的行为。公路院加强了科研项目管理，针对近年来承担大量西部地区科研项目的情况，严格了立项审查程序和成果评价体系，力争杜绝科研中的浮躁现象，让学术腐败无处藏身。在思想建设方面，加强对领导班子的建设。针对工作中职工思想上出现的问题，加强思想政治工作，党委每年举办一期中层干部理论学习班，从2002年开始定期举办管理知识培训班，每年突出一个重点、形成一个亮点，并结合实际工作中遇到的思想认识问题进行讨论，以便从公路院职工以专业技术人员为主的这个特殊群体思想基础的实际情况着眼，推动思想政治工作的内容、形式、方法、机制等方面有较好的改进。把新选拔的干部选送到部党校系统学习马列主义理论，让他们在理论水平上有切实的提高，能够适应新的岗位对精神文明创建工作的要求。

以新中国成立60周年为契机，开展“辉煌60年，公路院交通科技巡礼”活动，全面回顾60年来公路院的辉煌成就，广泛宣传典型人物事迹，认真总结成功经验，以凝练核心文化及价值观，为国庆60周年献上一份厚礼。

3. 加强党风廉政建设工作是公路院精神文明创建工作取得突出成效的又一法宝

院党委对管理干部提出“廉政、勤政、务实、高效”的切实要求，加大对各级领导干部进行警示教育谈话提醒工作的力度，全院已连续多年未发生党员违纪案件，党员领导干部在业务活动中，廉洁自律、拒请等方面的廉洁奉公的好人好事不断涌现。通过干部考核测评、“保持共产党员先进性教育活动”、“学习实践科学发展观活动”等群众测评结果表明绝大多数同志对院领导班子和处以上领导干部的党风党纪廉洁状况是满意的。多年来，在上级党组织和纪检组织对我院进行的党风廉政情况检查中，都得到了好评。干部在群众中有良好的威信，客观上促进了各项工作的顺利开展，广大党员干部人人争当精神文明创建工作的排头兵。

4. 开展多种形式的群众性精神文明创建活动

发挥工会、共青团、妇女组织和离退休干部管理办公室的作用，形成精神文明建设系统工程，将我院的精神文明创建工作落到实处。

工青妇组织充分发挥桥梁纽带作用。工会始终把表达和维护广大职工利益作为工会工作的出发点和落脚点，通过完善职代会制度，强化源头参与，做好宏观维护。通过组织好职代会，坚持职工民主管理、民主监督制度，推行院务公开，让职工知情，让职工议事，让职工监督，为公路院的发展献计献策。同时广泛开展形式多样的文娱活动，参加交通运输部“和谐杯”乒乓球赛，组织公路院羽毛球、保龄球、棋牌等比赛，以及职工座谈会、奥运知识答题、“迎国庆、讲文明、树新风”知识答题和文明礼仪推广普及等活动，活跃了职工业余生活。根据青年人的特点，团委也开展了青年英语风采大赛、足球赛、中秋节青年联谊会、爬山等一系列丰富多彩的活动。妇委会为女职工开展健康、心理和理财知识等讲座，发放“三八”妇女节慰问品，组织郊游、观看演出等休闲系列活动。

特别是在2009年国庆期间，党工团组织联合举办了庆祝新中国成立60周年大型职工文艺汇演，全院近200名干部职工经过近五个月的精心准备，用饱含深情的爱国主义歌曲、意境悠远的诗朗诵、充满活力的舞蹈、诙谐幽默的小品与相声，以及神奇的魔术，抒发他们对党、对社会主义祖国的无限热爱。在相声《说路唱路》、舞蹈《美丽的草原我的家》、诗朗诵《我的祖国》、豫剧《朝阳沟》选段、表演唱《红太阳颂歌》、大型歌舞《祝福祖国》等一个个精心编排的节目中，人们听到的是昂扬向上的旋律，感受的是意气风发的精神风貌。干部职工的精彩演出感染了在场的每一个人，演出过程中掌声不断，高潮迭起。

在扶贫济困、向边远地区和受灾地区献爱心活动方面，是最能体现公路院人爱心的地方，这些活动得到广大干部、党员和职工的积极响应，党委认真组织，基层支部积极配合。自2001年至今，公路院已累计各类捐款捐物金额达495万余元，真正体现了一方有难八方支援、发展不忘回报社会的精神。

积极参与了2008年的雪灾、地震两大灾情救助和奥运会相关服务工作。先后有13人直接参与救灾，50多人参与灾后恢复重建相关工作。特别是发生“5·12”特大地震后，派出8名桥梁专家，灾后第四天即赶赴灾区一线，为抗震保通及灾后重建工作提供了宝贵的第一手材料。职工个人捐款达22万余元，党员缴纳特殊党费45万余元。

离退休干部管理工作在党委的统一领导下，以加强支部班子建设入手，强化老干部工作的管理。同时及时严格按照国家改革和上级主管部门的规定落实离退休职工的相关待遇，积极开展适合老同志参加的各项活动，今年离退休职工除正常的工资和医疗费得到保证外，还以国庆60周年为契机全面提高了生活费补贴标准，并发放了国庆节特别补贴；组织广受老同志喜爱的棋牌比赛；在今年所内资金相对紧张的情况下投入了50余万元，修缮老干部活动室和改善相关设施，使离退休干部既老有所养、老有所乐，又老有所教、老有所学。同时做好离退休同志体检、住院慰问、家访、节日慰问、生日祝贺等工作及去世同志的善后工作等，使组织的温暖辐射到每一名离退休干部职工的心田。

三年来公路院受到各级表彰的先进集体42个次，受表彰的先进个人236人次。其中公路院获得全国交通行业抗震救灾先进集体称号和中央国家机关文明单位称号，党委获得交通运输部直属机关抗震救灾先进基层党组织称号，2个单位获得全国交通系统巾帼文明岗称号，团委获得中央国家机关五四红旗团委和全国五四红旗团委创建单位称号，1个部门获得中央国家机关青年文明号称号；个人奖励有全国三八红旗手1人，中央国家机关五一劳动奖章先进个人1人，全国交通行业抗灾保通先进个人1人，全国交通行业抗震救灾先进个人2人。

2009年计划生育，献血等工作也得到了上级有关部门和地方主管部门的奖励。

5. 为职工办实事，激发全院职工工作热情

本着“解放思想、实事求是，围绕中心、服务大局，边查边改、以查促改”的原则，针对职工反映的意见和建议，组织有关人员进行了深入剖析和梳理，提出了切实可行的整改措施，在此基础上，结合工作实际，制订整改方案。通过整改得到落实，增强两级班子的工作责任心，增强全院职工的凝聚力，激发全院干部职工的工作热情，有力地推动了两个文明建设跃上新台阶。

“路漫漫其修远兮，吾将上下而求索”。展望未来，我们更加充满信心。公路院全体职工决心在院党委的领导下继续大力开展精神文明创建工作，认真学习和贯彻党的十七大精神，以科学发展观为统领，以推动综合运输体系建设，大力发展现代交通运输业，努力做好“三个服务”为中心，巩固和扩大学习实践科学发展观活动的取得的成果，在推进公路交通事业发展和行业文明建设的工作中再接再厉，无私奉献，用自己的辛勤劳动和汗水为祖国交通事业谱写新的篇章。

公路院职工运动会——跳绳比赛

四、开展健康工程，建设和谐之家

——交通运输部水运科学研究院文化建设实践

交通运输部水运科学研究院（简称“水运院”）成立于1956年，是集科学研究、技术咨询、工程设计、产品开发和专业培训于一体的交通部在京直属科研单位，主要从事水运行业的宏观管理与决策、发展战略与规划、环境保护与安全评价、电气与自动化控制、通信与信息化、港口装卸工艺与装备等专业领域的研究、咨询、开发、设计和工程承包等业务。建院50余年来，水运院为祖国水运事业发展贡献了大批优秀的科研成果和产品，为行业发展的重大决策和重大建设起到了十分重要的智力和技术支撑作用。

水运院于2005年起大力推进单位文化建设，传承和弘扬优良传统，培育现代科研文化，2006年，更是制定《水运院文化建设纲要》，指导文化建设工作的深入、长期开展。文化力的提升为科研生产提供了强大的推动力，为水运院进一步提高综合效益，提升核心竞争力，做好“两个服务”、发挥“两个作用”提供了强有力的政治思想保证。其中“健康工程”的建设是水运院文化建设中极具特色的一项实践。

（一）注重员工心理健康

科研人员的特点是思想活跃、对新事物接受能力强，而科研工作又是比较枯燥的，科研一线的人员出差多、流动性大、工作无固定时间。为了找到一个沟通的平台，水运院在办公自动化系统中建立了以“创新发展”为主题的讨论区，员工以署名或匿名的方式对院的各项工作提出意见、建议，作为论坛的主持人，党委书记定期发表文章，引导和宣传院的文化，与员工在网上交流。这种交流方式可以不受时间和空间的限制，而且也免去了面对面的局限。在这样一个平台上员工可以敞开心扉，道出心声，甚至发发怨气，也是通过这样一个平台，院领导可以听到真话，了解员工的心里动态，做疏导解释工作，及时化解矛盾，通过网上交流平台，增加了领导与员工的谈心机会和沟通的渠道，促进各项工作的和谐发展。

结合庆祝建国60周年，院里开展了歌咏、摄影以及观看《建国大业》、走访慰问建国前入党的老党员等系列活动，引导员工重温历史、回顾过去、展望未来。尤其是在参加交通部庆祝国庆60周年文艺汇演过程中，水运院的50余名员工，在两个多月的训练中，为了不耽误工作，大家牺牲了个人的休息时间进行排练，为了唱出对祖国的深厚感情，训练认真刻苦，最终水运院的合唱节目以饱满的精神状态、优美的歌声赢得了大家的赞扬和好评。

通过指导院团委的工作，党委加强与青年职工的对话与交流。为了提高学习贯彻十七届四中全会精神的实效，在党委的指导下院团委组织了“光荣与梦想”的青年论坛，七位来自科研一线的优秀青年科研人员经过精心准备，以自身的学习、工作和成长心得发表了演讲，与会的院领导和部团委的领导在听取了青年代表的发言后，纷纷发表了感想，希望青年一代继承和弘扬水运院优秀文化精神，在推动行业发展的历史大潮中成就个人。参加会议的青年科研人员认为，七位优秀青年精彩的主题发言，不仅激发了大家的自信心、自豪感和工作热情，也促进了十七届四中全会精神入脑入心，是一次现实版的理想主义教育。

在为青年人创造条件不断进步的同时，水运院也积极鼓励和支持青年员工参与社会实践活动，用行动实现感恩之心。2009年为打击索马里海盗，我国政府派遣海军舰艇前往护航，中国船东协会承担了船只护航的申请信息接受和组织工作。春节期间，为了保障护航工作的顺利开展，船东协会请水运院支援值班工作人员，院将这项工作交给院团委，院团委通过招募志愿者的形式向全院青年职工发出了邀请，短短的几天就有十几位科研人员报名，最终有五位青年科研人员放弃春节休假参与护航值班工作。

（二）关心员工身体健康

在求生存谋发展的过程中，市场竞争环境不断加剧使科研人员压力逐年增加。为了缓解紧张的工作气氛，根据水运院的工作特点，水运院每年都组织员工参与度高的登山、拔河、跳绳等集体项目竞赛，一方面通过运动锻炼身体增强体魄，同时还增加了员工的团队意识、竞争意识，在此基础上各基层部门坚持每周组织羽毛球运动，通过形式多样的活动，调节了生活和工作的压力，促进员工的身体健康。

针对科研人员长期坐办公室的工作特点，水运院组织员工聆听了中医养生保健讲座，通过中医对人体经脉及发病病因的分析，以及食疗的方法的介绍，使大家提高了对人体发病机理的认识，学到了中医保健的方法，明白了日常保健的作用。

勇夺院乒乓球团体赛冠军

（三）关注离退休老职工的身心健康

到2009年底，水运院离退休职工已达229人，几乎达到了在职职工人数的60%，成为水运院一支不可忽视的特殊职工队伍。对这样一支队伍，根据老同志的需求，水运院从提高老同志的生活质量出发，关心他们的身心健康。

在待遇上，严格按照国家有关政策规定，即使是院财政困难时也首先保证离退休人员的退休金足额发放、医药费按时报销、住房和取暖补贴优先考虑，保证他们的生活质量不降低。除每年组织一次老同志健康体检外，对70岁以上高龄的老同志还增加一次针对高龄老年人特点的健康体检。积极协调有关部门帮助解决离退休干部职工在医保、就医等方面遇到的实际困难和问题，特别是对离休、高龄和患重病的老同志，经常联系，及时看望，给予更多的关心和关照。

2009年，在水运院办公条件非常紧张的情况下，为老同志建起了活动站，配备了阅览、健身、娱乐等设施，使老同志有了固定的活动场所，有了一个属于自己的家，根据老同志们的需求组织医疗保健知识讲座，编辑、发放有关保健资料和书籍，引导大家健康生活，使老同志们不仅健康得到进一步保障，也充分感受到单位的人文关怀和温暖。

（四）建设和谐之“家”

每个部门都是一个家，每个员工都是家中的一员，这是水运院和谐建设年的组成部分，也是“健康工程”的基点，有了一个个和谐的小家，才会有水运院的和谐大家，这是水运院追求的精神境界。通过两年坚持不懈的“健康工程”建设，水运院取得了可喜的成果。

水运院自控通信部有一位老员工杜培荫，退休以后又被返聘了8年，在今年离开工作了43年的岗位后，感慨万千，与老伴（也是水运院退休职工）一起，以《爱家》为题，道出了肺腑之言，以真切的语言、表达对和谐、温暖、奋进的自控通信部小家庭的赞许和留恋。他们说道“在我们的‘家’有强劲得力的领导，有关心、体贴的工会主席，有充满朝气的年轻人，是‘家’给了我们无比的精神财富和殷实的物质财富，我们的晚年生活将更加幸福、更加快乐。能力造就了我们的团队，美德成就了我们的‘家’，团队年年前进，‘家’里天天阳光灿烂。因身心需要我们离开了‘家’，这只是一种形式，我们仍是一家人，我们的心一定会贴的更近，永远生活欢乐的在一起，爱领导、爱团队、爱同事、爱家。”最后他们以一首歌词表达了心声，“感恩的心，感谢有你，伴我一生让我有勇气做我自己，花开花落，我一样会珍惜。”

点评：

“健康工程”是交通运输部水运科学院文化建设的重要组成部分，其目的是不断满足广大职工日益增长的文化需求，不断提高全院干部职工的综合素质、身心健康和幸福指数，更加“爱院爱家”，进一步促进交通运输部水运科学院的可持续发展，努力构建和谐水运院。经过几年的建设，“健康工程”所追求的效果已经明显表现，单位凝聚力、向心力和战斗力增强了。

五、发挥各方作用，打造平台，成就事业

——交通运输部天津水运工程科学研究院文化建设实践

交通运输部天津水运工程科学研究院(简称“天科院”)成立于1974年，是交通运输部直属科研事业单位，从事交通运输科技事业发展中具有基础性、战略性、前瞻性等共性技术和重大工程建设关键技术研究，承担海岸河口、内河航道、环境保护、港工结构、通航、水利等领域的科研、技术咨询工作。

多年来，在全体干部职工的共同努力下，天科院文化建设工作取得了突出成绩，编写了《实力铸就辉煌——企业文化手册》。自1999年以来连续获得天津市“文明单位”荣誉称号，2005年被全国文明委授予“全国精神文明建设工作先进单位”荣誉称号。2008年被交通运输部授予全国交通行业文明单位荣誉称号。多次荣获天津市、塘沽区

授予的单项荣誉称号。2006年以来，交通运输部党组书记、部长李盛霖同志和其他部党组成员，以及天津市委领导先后到天科院视察指导工作，对天科院的工作与成绩予以充分肯定。

（一）发挥领导班子和党员干部的表率作用

天科院领导班子认真学习实践邓小平理论和“三个代表”重要思想，贯彻落实科学发展观，统一思想，提高认识，形成了一个政治坚定、求真务实、开拓创新、勤政廉政、团结协调的领导班子，在创建活动中发扬发挥了模范带头作用。领导班子牢固地树立了科学发展观，并以此为指导积极开展工作。班子成员具有较强的民主工作作风，坚持按照党政议事规则开展工作。几年来，在科研生产经营管理、内部改革以及涉及职工切身利益的一些重大问题的决策上严格执行决策程序，保证了决策的民主性和科学性，保证了各项工作的顺利开展，促进了天科院发展。领导班子成员之间经常交流与沟通，通过谈心交流达到相互理解、相互信任、相互支持、相互补充，形成了较强的民主意识和团结协作精神，在实际工作中能够关心全局，积极参与集体决策。

（二）发挥党员干部的引领作用

党委认真贯彻《中共中央关于加强和改进思想政治工作的决议》，充分发挥党委在思想政治工作中的领导作用，注重把思想政治工作融入到各项实际工作中，充分调动基层党支部、各部门和广大党员的积极性和主动性，取得了积极的成效。一是做好改革中的思想政治工作。在推进各项改革的过程中，把思想政治工作贯彻始终，为改革提供思想保证。二是做好科研生产中的思想政治工作。始终坚持以科研生产为中心，在认真履行监督职责的同时，努力为科研生产排忧解难，保驾护航。三是重视抓好中层干部和党员队伍的建设。通过一系列的学习、培训，使广大党员干部增强了责任感、使命感，提高了干部的管理水平和工作能力，发挥了党员的先锋模范作用。四是以“十一”、“七一”、“三八”、“五四”、举办奥运和院庆等重大庆祝活动为契机，积极开展爱国主义、社会主义、集体主义等教育活动，激发爱国热情，增强集体荣誉感。五是每年组织开展迎新年文艺联欢活动，促进职工交流，增强团队的凝聚力。

近5年来，涌现出许多感人事迹和先进典型。1名同志被授予“天津市优秀共产党员”荣誉称号，2名同志被授予“天津市劳动模范”荣誉称号，1名同志被授予“全国交通运输系统先进工作者”荣誉称号，5名同志被授予天津市“五一”劳动奖章，1名同志被授予"天津市精神文明建设活动优秀组织者"荣誉称号，2个支部和2名党员分别被市交工委授予"先进党支部"和"优秀共产党员"荣誉称号，5名同志被市交工委授予"优秀思想政治工作者"荣誉称号。78人次被评为院先进工作者，32人次被评为院优秀党员，11人次被评为院优秀党务工作者。

（三）发挥工会和共青团组织的协作作用

工会和共青团组织将创建工作纳入工作计划，发挥各自优势，齐抓共管、同创共建，营造了良好的精神文明建设氛围。工会组织积极开展爱国、爱党、爱院、爱岗的思想教育活动，不断提高职工的思想素质和道德修养，强化职工的主人翁意识和爱岗敬业意识，为促进改革、发展、稳定做出了贡献；坚持组织文艺演出和举办丰富多彩的文娱活动，活跃职工业余生活，促进团队精神建设和精神文明建设；关心职工生活，为职工排忧解难，认真为职工办好事、办实事，解决实际问题；成立桥牌协会、羽毛球协会、游泳协会、集邮协会、钓鱼协会、台球协会、书法摄影协会、乒乓球协会、花木协会、篮球协会等多个协会组织，积极开展健康有益的活动。被天津市总工会命名为"天津市职工文体活动示范基地"，获得"天津市退管工作先进单位"荣誉称号。共青团组织，结合青年人的特点，认真开展思想政治教育和党的理论知识学习，通过座谈学习和参观革命传统教育基地等活动，开展形势教育、爱国主义教育；组织团干部、团员培训，不断提高青年团员的政治业务素质；组织开展"青年岗位能手"的争创活动，有2名同志获得全国交通行业"青年岗位能手"荣誉称号，多名同志获得单位授予的"青年岗位能手"荣誉称号；积极举办青年论坛、学术交流、演讲比赛、歌咏比赛、摄影展览等活动，丰富团员的精神生活，体现了团组织的先进性、群众性和服务性。

（四）发挥民主管理的导向作用

为加强民主管理，天科院制定了职工例会、室务会、室务公开、中层领导干部与职工谈话等一系列规章制度并监督执行，在全院形成了良好的民主气氛。坚持重大问题由职工代表大会讨论决定，坚决维护职工的合法权益，保证职工享受应有福利待遇。

天科院在改革过程中，始终把职工群众的利益放在首位。近几年，根据国家有关政策，天科院稳步推进人事制度改革。在制订方案的过程中，充分考虑了单位实际情况和职工的承受力，在深入调研的基础上制定办法，得到了职工群众的理解和支持，特别是在安置分流富余人员上，采取了优惠政策，保证了人事制度改革的顺利推进。通过人事制度改革，进一步理顺了各种劳动关系，达到了稳定队伍、吸引人才、调动职工工作积极性的目的，促进了天科院的发展。

职代会会场

（五）发挥安全工作的保障作用

领导班子十分重视干部安全和生产安全。一是高度重视廉政建设工作，做到警钟长鸣，预防为主，避免党员干部违法违纪等事件的发生。天科院在廉政建设工作中，征集编辑出版了诗集《赤城》和《廉政警句集》，两本书既是对天科院廉政建设工作成果的真实反映，也为以后继续做好这项工作提供了教育读本。二是天科院积极配合有关部门开展社会治安综合治理工作，确保了单位治安状况良好，多次获得天津市交通系统和院在地社会治安综合治理先进单位荣誉称号。三是生产工作中，严格工作纪律和执行操作规程，杜绝了生产事故发生。

（六）发挥提高职工素质的基础作用

天科院非常重视干部职工的学习培训工作，采取多种措施鼓励专业技术人员更新知识，提高专业技术水平。结合天津市提高职工素质活动的开展，在全院努力营造全员学习、终身学习、自觉学习的良好氛围。定期举办各类报告会、培训班，通过专家、领导的专题讲座，更新理念，丰富知识，提高素质。2007年7月，天科院院长赵冲久同志为职工奉献了一场以“练达人情，和谐发展”为主题的报告会。赵院长将自己多年来对人生的感悟与职工进行了交流，回答了一系列青年人刚刚步入社会院关心的问题，使广大青年职工，牢固树立正确的世界观、人生观、价值观，尽快调整好心态，以高昂的精神面貌，积极投入到科研生产工作中去，为天科院的发展，社会的进步，做出更大的贡献。

（七）发挥物质文明建设的促进作用

天科院逐步加大了对改善职工工作条件美化单位环境的投入。近年来，共争取到部基本建设投资近一亿元，完成了海岸动力环境综合模实试验室工程、水上通航安全及环保试验厅建设、交通水运工程检测仪器计量检定中心实验厅建设，为发展奠定了基础。在积极争取上级资金支持的同时，努力挖掘内部潜力，先后共投入资金2500多万元更新仪器设备；合作自主研制了不规则造波机，填补了国内空白；完成了院内外网站和办公自动化系统的建设，基本实现了办公信息化；完成了部分试验大厅的维修装修，逐步加大美化环境的投入，使院内环境明显改善，长期保持天津市绿化先进单位，被天津市评为“花园式单位”；投入资金近30万元，改造建成了职工文体中心，为职工和家属提供了一个良好的锻炼身体和休闲娱乐场所。

总之，通过天科院多年来的文化建设，天科院已形成了全院上下奋发向上、安定团结的政治局面和工作氛围，凝聚力不断增强，工作积极性空前高涨。

点评：

交通运输部天津水运工程科学研究院领导班子非常重视文化创建工作，始终坚持“两手抓、两手都要硬”的工作方针，充分发挥方方面面的作用，调动所有力量，把文化建设工作与其他各项工作紧密结合在一起，相互促进，取得了良好效果。

六、建创新型规划院，树科研文化旗帜

——交通运输部规划研究院文化建设实践

交通部规划研究院（简称“规划院”）1998年3月成立，由原交通部公路规划设计院和原交通部水运规划设计院中从事规划工作的部门合并组成，主要承担公路、水路、交通运输支持系统发展规划研究、战略研究，政策研究，重点建设项目受部和发改委委托审核评估，应急性与临时性工作。

规划院 坚持以“服务政府，服务行业，做交通部智囊团”为价值观，以“追求卓越，不断登攀”为精神，以“树品牌、出名人、出精品”为目标，多年来，坚持不懈地推进文化建设，取得了一定的成绩。其中，“建设创新型规划院”便是其文化建设工作中的一个亮点。

（一）技术创新

技术创新能力是一个交通科研院所发展的重要体现，是增强交通科研院所竞争力的关键环节。规划院将技术创新作为建设创新型规划院的重要环节，从五个方面全面推进：一是，注重分析国家、交通行业科技发展的重点领域、优先主题、前沿技术和基础研究等方面，

将此与规划院的研究方向、项目组织紧密结合；二是，立足于交通行业战略、规划、信息等研究领域前沿，结合项目探索、创新交通发展新思路、新模式、新技术、新方法；三是，加大院科技经费投入，开展基础研究、国际合作等工作；四是，开展多种形式和渠道的国内外学术交流活动，全院营造学习、创新学术交流氛围，创造项目技术创新环境，集中全院优势和智慧，加强研究成果创新；五是。重视创新项目的论文、论著发表及报奖、评奖工作，鼓励成果推广。近年来，规划院在巩固传统核心领域和技术能力之外，建成了交通规划信息二期工程，建设了交通安全仿真实验室；并以评估、咨询、设计、评价交通基础设施项目为创新平台，全面贯彻全寿命、高质量、节约、环保、安全新理念；进一步拓宽业务领域，努力提高资源节约、环境保护、交通运输安全保障等关键技术创新能力，不断进取、勇于创新，向建成“全方位、高层次、数字化、国际化”，行业权威、国内一流、国际知名的强院前进。

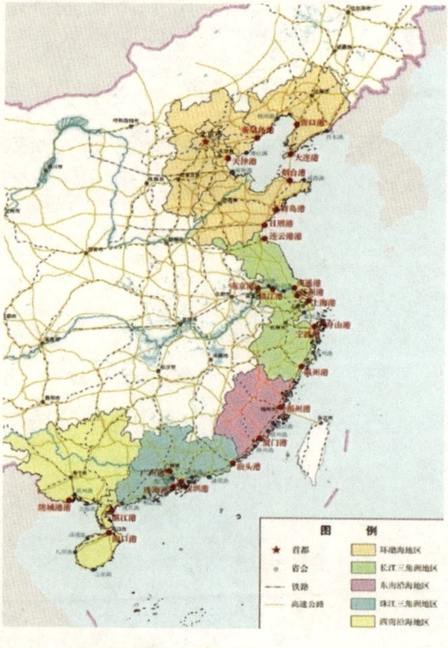

全国沿海港口（分区域）布局

（二）管理创新

技术和管理是推动经济发展的两个轮子，缺一不可。先进技术与先进管理相结合，才能形成强大的生产力。当交通科研院所的科技进步和创新达到一定程度时，必然呼唤并推动管理和机制的不断创新，科学管理是推动科研机构科技进步和创新的重要环节，管理创新是建设创新型规划院的根本保障。规划院在推进管理创新时，积极营造创新氛围，在日常生产管理中贯穿创新理念；重视项目管理系统平台建设，做到了系统研发高起点、高要求、高效率，并尽快投入试运行，不断充实、完善；加强了院技术委员会的作用，抓好院技术创新引领工作，确保了项目创新和质量；重视设计资质申报、年检等工作。至今，规划院已建成了院项目管理系统平台，提升了项目管理手段和方法，提高了全院管理水平，并始终以动态管理、科学管理、提高效率为目标，以“三环节”管理为核心，以质量管理为重点，在各生产项目管理中既强调技术创新又严格质量管理，提高项目质量。

（三）机制创新

机制创新就是不断将新关系、新体制、新机制引入规划院的生产、管理活动中，并推动规划院经济不断发展的过程，机制创新的核心是人力资源配置及优化机制，是建设创新型规划院的根本措施。

规划院2000年在交通系统率先开展了人事制度系列改革。2002年、2004年和2007年又进行了三次改革。通过改革，适时调整了内设机构，拓宽了工作领域；调整了部分处室和某些领导岗位的职能，强化了责任制；在干部人事制度方面，逐步建立了“竞争上岗”、“能上能下”的用人机制；在分配制度方面，逐步完善了重实绩、重贡献、向优秀人才和关键岗位倾斜、形式多样的分配激励机制；在生产组织管理和核算机制方面，逐步强化了向业务部门“放权”和“让利”的政策。每次改革都进一步完善了激励约束机制，进一步调动了广大干部职工的积极性和创造性，促进了规划院的发展，有利于规划院创新发展、建立客观公正透明的新体制。

（四）文化创新

创新文化孕育创新企业，创新规划院激励创新文化。组织文化建设是建设创新型规划院的重要内容。规划院坚持以文化力促进生产力的发展，增强每一位员工对院强烈的使命感、责任感、归属感、自豪感，树立正确的价值观、荣辱观，形成崇尚知识、崇尚创新、严谨求实、尊重创造的文化氛围，建立平等互重、创新实干、院强我荣的创新文化。近年来规划院以“塑造文明形象，共建和谐规划院”为主题，持续开展组织文化建设活动，深入贯彻落实《规划院组织文化建设纲要》。规划院工青妇积极开展各种文体活动，积极投身各项社会公益活动，主动关心退休人员、病休人员和单身职工。规划院各部门也组织开展了各项文化建设活动，如规划院战略所相继举办了职工集体婚礼、设计了办公室文化墙、员工户外拓展等活动，增强了员工间的凝聚力，也提高了员工工作的激情。2010年，规划院又全面开展了组织文化建设年活动，该项工作正在进行中。

规划院办公室文化墙

点评：

建院10多年来，规划院在文化建设方面取得了令人鼓舞的成绩。这些成绩的取得，最主要的经验在于，建院以来，规划院始终立足于两个服务：坚持"服务政府、服务行业，当好交通部智囊团"；突出了三个重点：一是抓创新，二是强队伍，三是创品牌。以上便是规划院在抓创新中的一个典型案例。

七、科研为本，做"重庆交科院人"

——重庆交通科研设计院文化建设经验

重庆交通科研设计院（简称"重庆交科院"）成立于1965年5月，系直属交通部管理的正厅级科研事业单位。2000年根据国务院的决定，转制为科技企业，整建制进入招商局集团，是中央在渝科研单位和甲级勘察设计院，是国家山区公路工程技术研究中心和桥梁工程结构动力学国家重点实验室的依托单位。

重庆交通科研设计院

重庆交科院一直牢记科研机构的根本使命和精神，将之充分融入文化建设之中。目前，重庆交科院已经发展成为全国交通系统重要的科技开发、成果转化和产业化基地之一，并且通过不断应用科技创新成果，为全国公路交通建设提供着技术服务。同时，重庆交科院也相继获得了全国"交通系统先进集体"、"守合同重信用企业"、"全国职业道德建设十佳单位"、"五一劳动奖状"和中央组织部与国务院国资委授予的全国国有企业"四好领导班子"等多项荣誉称号。

（一）以科研作为立院之本

近10年来，重庆交科院每年都拿出很大资金，根据市场需求自立科研项目，做了大量的前期技术储备工作，每年的在研项目都平均保持在100项以上。

重庆交科院采用"以横补纵"等措施筹集经费，为科技创新提供了必要的资金保障。科研成果支持产业化，产业化又为科研开发提供资金，形成了良性循环。长期对科技高投入的结果，使重庆交科院建立起一个高科技、高水平的交通科学实验体系，其中包括：桥梁工程结构动力学国家重点实验室、隧道建设与养护技术交通行业重点实验室、桥梁结构抗震技术交通行业重点实验室、汽车检测试验室、道路环道实验室等。在此基础上，经国家科技部批准，建立了国家山区公路工程技术研究中心，国家级的科技平台建设取得了重要的成果。

重庆菜园坝桥

重庆交科院针对山区高等级公路路基路面的各类关键技术、特大跨径桥梁设计、施工各类关键技术和公路隧道、越江跨海隧道及地下轨道交通工程各类关键技术，承担和开展了包括国家自然科学基金项目、国家“973”计划项目、国家科技部专项基金项目和国家西部交通建设科研项目等在内的科研项目200多项，在道路新材料、钢桥面和特殊路面铺装、智能超限检测系统、大跨径桥梁悬吊结构新工艺、隧道智能监测系统的研究等方面，都取得了重大突破。

隧道建设与养护技术交通行业重点实验室揭牌仪式

多年来，重庆交科院共承担科研项目600多项，获国家和省部级奖励150多项，获中国专利40多项，主持和参与编制的国家及部颁标准达50多部，主持承担重大工程项目300余项，完成了众多中国第一的工程。

（二）“创新”与“责任”，创立“重庆交科院人”文化

经过40多年的交通科技文化的积累，特别是近10年的文化建设，形成了重庆交科院特有的文化氛围，其中最突出的两个关键词就是“创新”与“责任”。

1. 以科技创新支撑交通建设

多年来，重庆交科院的广大科技人员以对科技创新的孜孜追求，铸就了重庆交科院特有的文化。特有的文化素质支撑，重庆交科院人在压力和困难之中表现出了非凡的胆识和勇气。

创新与责任

——重庆菜园坝长江大桥工程背后的故事(之一)

创新 贯穿于整个大桥的勘察设计

重庆交通科研设计院系列报道

剪报

许万春带领一帮小青年搞曲线梁桥的研究，经费少得发不出一点儿奖金，大家硬着头皮坚持下来，后来才有了重庆杨公桥立交桥的建设成就。汽车防抱死 ABS装置的研究，通过10年创新，几经开发，克服了数不清的困难，终于得到了市场的认可，达到了年产5万套的生产水平。具有自主知识产权的钢桥面铺装技术，从不够完善到逐步成熟，也是经过了不寻常的攻关历程。一批有志的科研人员面对种种问题和困难，知难而进，不怕失败，从问题中查找原因，使铺装材料的研究和铺装工程的结构设计逐步达到了国际先进水平。

搞创新，失败的几率往往高于成功的几率。重庆交科院的科技人员正是以多年形成的顽强精神和毅力，以胆识和勇气获得了丰硕的创新之果。

重庆交科院被评为创新型企业

2. 以责任担当精神投入交通建设

重庆交科院人的荣誉来自对社会的责任和担当，重庆交科院在全院职工中开展了加强工作责任感的教育，以此推动技术创新的深入开展。在承担沪宁路改造工程的路面试验项目中，科技人员以高度责任心，认真做好实验工作的每一个细节，工作成果让业主方感到很满意。为了帮助粤北山区的瑶族同胞摆脱贫困，重庆交科院的技术人员长期战斗在广西清连一级公路石苍岭隧道、焦冲隧道施工现场，通过设计创新，为国家节省投资2300多万元。冬天大雪封山，生活物资供应不上，有的技术人员生了病，但仍然坚守在工地第一线。重庆交科院人对工作强烈的责任心深深地感动了当地的瑶族同胞，受到了清远市政府的表彰。

2005年10月25日凌晨5时30分，施工中的天汕高速公路梅州广福隧道突然发生塌方，正在洞内作业的12名工人被困，情况十分危急。蒋树屏院长带领有关技术人员立即赶到施工现场，研究抢救方案，连续指挥抢险34个小时，成功地使12名遇险工人全部脱险。

为了帮助西藏发展公路交通事业，重庆交科院科技人员主持了“西藏扎木至墨脱公路建设关键技术研究”，从2006年10月启动，做了大量的前期准备工作。为了加深对研究对象的了解与认识，弥补该地区基础资料的严重匮乏，2007年8月，蒋树屏院长带领调研组，对扎墨公路进行了实地考察。在海拔4000～5000米的高原雪域，背着仪器设备爬山涉水，克服高原缺氧的困难，穿过悬崖险滩，深入关键地点展开基本情况调查，取得了第一手资料，拟定了初步的工程对策，为墨脱公路的实施建设奠定了基础。

（三）建设了一支特别能战斗的科技队伍

“以人为本”建设一支特别能战斗的科技人才队伍，是重庆交科院单位文化的核心，同时也是增强企业自主创新能力的永恒主题。科技队伍是所有资源中的“第一资源”的观点，已经成为全院各级干部的共识。

在重庆交科院，上下左右同事之间都能和谐相处，以诚相待。这里没有某人因为受到奖励而“骄傲”，也没有因为没受到奖励而“离心”。大家全身心地投入研究，工作起来心情舒畅。加班加点，忘我工作，成为每个人完成岗位职责的需要。在分配上，院里多年来一直坚持效益优先兼顾公平的原则，在注意向重要骨干、重要岗位、重要项目倾斜的同时，也注意了“主角”与“配角”各有所得，“英雄”与“群众”都有用武之地，调动了全院职工的积极性，有力地促进了企业的发展。

重庆交科院特别重视对年轻科技人才的培养，对专业能力较强、思想素质较高的年轻科技人员，让他们承担挑战性的技术负责工作，使其在工作中有发言权和管理权，随企业的发展而实现他们的人生价值。近几年来，一大批年轻的科技人员走上了各级领导岗位。

“5·12”四川特大地震后，全院紧急行动起来，启动应急机制并成立相应机构，努力寻找在四川温江、邛崃和卧龙工地的员工兄弟；全院职工踊跃捐款78.9万元，一份真情、一片爱心送达灾区。同时，于5月13日第一时间投入到抗震救灾、救援被困员工的工作。重庆交科院先后派出四批抗震救灾专家冒着余震、滚石、坍方的危险，奋战在抢险最前沿，为抢通映秀“生命线”公路提供技术支持。并承担了受地震破坏严重的灾区5条公路灾后重建的检测、评估、勘察设计任务，总行程达3000多公里。向交通运输部提交了《公路抗震救灾技术分析与建议》、《213国道破坏状况调查报告》、《高地震烈度山区公路建设与重建关键技术研究项目建议书》、《汶川地震灾后公路恢复重建技术指南》等技术文件，为抗震救灾和重建家园做出了重要贡献。

每年9月第一周的星期一，是重庆交科院确定的“公司日”活动，成为全院职工自己的节日。团队精神、拼搏精神，热爱祖国、振兴中华的情操，“院兴我荣、院衰我耻”的责任感，在这一天都得到了淋漓尽致的发挥。“创新、开拓、实干、变梦想为现实”，成为每个职工的座右铭。创新争先，自信上进，成为广大职工自我约束的准则。在重庆交科院，每个人都会说：“在我的岗位上，没有比我更好，我将越来越好。”

由于重庆交科院长期注重文化建设，全院职工保持了良好的精神风貌，得到国家和各级政府的表彰。2001年获得“全国职业道德建设先进单位”称号和“重庆市最佳文明单位”称号；2003年被评为全国“重合同、守信用”企业，荣获了“全国职工职业道德建设十佳单位”光荣称号，并获得“全国五一劳动奖状”。2008年被交通运输部和中华全国总工会分别授予“全国交通运输行业抗震救灾先进集体”称号和“抗震救灾重建家园工人先锋号”称号。全院职工珍惜这些荣誉，这些荣誉在职工的科技创新活动中发挥着持久的鼓舞作用。

点评：

重交通科研设计院紧密结合交通行业以及科研工作的特点，数年来，在文化建设上进行了积极的探索和坚持，大力倡导创新和责任。目前，“以当重庆交科院人为荣”逐渐成为大家认可的一个理念，“人才为本，创新为重，奋斗为荣，和谐为贵”成为全院职工的共识，形成了重庆交科院特有的文化氛围。

第七章　交通事业单位典型人物风采

一、认真严谨，勇于创新——巾帼建功标兵张鹭

张鹭，女，中共党员，教授级高级工程师，交通运输部水运科学院自控与通讯工程部主任，党支部书记，先后荣获“交通部直属机关优秀科技工作者”、“全国交通系统巾帼建功标兵”称号，并多次被评为院的十大先进工作者。

张鹭工作照

（一）立足科技，开拓创新，巾帼建功立业

张鹭长期从事通信信息与自动化控制领域的研究工作，是交通运输部水运科学研究院的学科带头人，在行业中也颇有影响。长期以来，她以强烈的事业心和责任感投身在科研生产第一线，带领着科技人员北至黑龙江大顶子山枢纽，南到新兴的广西北部湾经济圈的重点港口防城港，紧密结合各港口码头的生产业务需求，运用先进的理念和科技手段不断创新，自主开发智能控制软件，使港口的自动化、智能化、数字化水平大为提升。在上海、青岛等大型海港部分码头的中央控制室都运行着自控与通讯工程部的自动化智能软件。近年来，她带领的团队与国家的内河航运共同发展，在船舶卫星定位、不停船收费、水深自动测量、水位智能遥报、航标遥测遥控等技术领域屡有建树，为内河航运事故减少、运输经济效益提升起到了重要的科技支撑作用。

2005年以来，张鹭分别被科技部、交通部、北京市等有关部门聘为“863计划现代交通技术领域综合交通运输系统与安全技术专题课题评议专家”、“国家科学技术奖励评审专家”、“交通部北斗卫星导航民用示范工程技术组专家”、“西部交通建设科技项目网评专家”和“海淀区科技项目评估论证专家”等；并先后主持完成了世行贷款国际招标项目、若干亚行贷款国际招标项目、交通部重点科技项目、西部交通建设科技项目、国防科工委项目以及企业委托项目60多项，其中交通部重点科技项目“港口离散型自控系统的开发研究”和西部交通建设科技项目“澜沧江—湄公河助航保障设施技术开发研究”、“汉江（陕西段）航运关键技术研究”、“澜沧江国际边境河流航运开发研究”等课题，分别荣获了中国航海

学会颁发的“中国航海科技奖”三等奖和云南省科技进步二等奖。

2005年，国内以散货运输为主的港口分别实现了管理的信息化以及作业过程的自动化，但因实施的阶段和侧重点不同两者很难有效结合,信息孤岛现象的存在是港口迫切解决的关键性难题。张鹭带领着团队深入码头调研，发现随着港口货物周转量的增加以及港口竞争的日益加剧，客户对货物周转效率和货物在港信息的实时查询极为渴望。生产的需求就是科研人员的使命，她迅速组成科研公关小组，经过夜以继日的研究，提出了管控一体化的创新理念，以信息管理、网络通讯、自动控制等技术的发展为基础，通过生产管理网络与设备控制网络的“无缝连接”，在企业的经营管理层和过程控制层之间建立双向的信息交互，实现企业管理与生产过程的自动协调。成功地在广州港务集团有限公司西基港务分公司实现了“实时管控一体化”，填补了国、内外港口“实时管控一体化”的空白。管控一体化技术的引用,加强了港口部门之间协同作业的能力和效率，提高了港口服务质量的准确性和周转效率,明显提高了港口的经济效益和竞争实力。实现了港口管理水平的大幅提升。

她主持完成的“大连北良粮食储运工程—通讯及视频监控”项目是世行贷款国际招标工程。该项目的设备繁多、逻辑复杂，是一个技术标准要求极高的大型现代化通讯网络信息系统，但无论在工程组织还是技术服务上都达到一流水平，使该系统在这个亚洲第一、世界第三大粮库投产六年来，始终保持着稳定、安全、可靠的良好运行状况，得到了总包商英国ASC公司的称赞。她主持完成的西部交通建设科技项目“澜沧江国际边境河流航运开发研究”的子课题“澜沧江急流滩险水下地形测量技术研究”，针对澜沧江急流险滩的恶劣航道环境，通过GPS定位技术和测深技术的有机结合，形成了峡谷急流险滩水下地形测量系统集成方案，有效地解决了在独立坐标系中运用GPS进行水下地形测量等关键技术问题，其研究成果达到了国际先进水平。其中研究开发的适合我国山区峡谷河段水下地形测量软件系统功能完善，实用性强，使水下地形测量和水深测量效率分别提高了10～15倍和20倍，测量精度也明显提高，填补了国内空白。

2005年她主持完成的另一西部交通建设科技项目“澜沧江—湄公河助航保障设施技术开发研究”，针对西部山区河流自然环境恶劣、通信不畅等特点和航道维护及船舶安全管理的难点，自主设计研发了一套自动化程度高、性能可靠、安全性好、适用性强的包括航标遥测遥控、船舶动态跟踪及地理信息技术的助航保障系统。在航标遥测遥控系统中，首次采用我国具有自主知识产权的北斗卫星通信系统体制，填补了我国在地形复杂、通信不畅环境条件下实现航标遥测遥控的空白。在船舶动态跟踪系统中，利用北斗和世广卫星解决了边远地区没有地面通信系统条件下的数据传输问题，这在国内也尚属首次。该课题研究成果总体达到了国际先进水平。

2008年，张鹭又成功地主持完成了覆盖长江干线2800公里的“长江航运公安局350兆警用无线调度通信系统工程”。该工程针对长航公安管辖区域频率资源有限、面广、线长、点多的特点，运用节省频率、全面覆盖、无缝漫游、兼容常规电台等先进理念，采用先进的信噪比判选技术和世界领先的多参数动态自动均衡以及精确的基站间频率差值技术，实现了多功能调度台为一体的无线通信全网络同播。该系统的建成，突破了国内最长距离、地势最复杂通信全覆盖记录，为保障长江航运安全发挥了重要作用。

20多年来，张鹭在港航通信信息和自动化控制开发研究中，紧跟国际发展前沿技术，带领部门不断刻苦钻研，开拓创新，通过工程优化设计，通过设计提升工程水平，循环往复，不断攀登，始终掌握国内外先进科技，以一流的工程、系统设计技术水平，多次填补了国内空白，取得了显著的社会和经济效益。

（二）以人为本，营造和谐，打造创新团队

张鹭领导的自控与通讯工程部有近40人，年青科技人员居多。作为党政一肩挑的部门领导，她深刻地认识到：加强人才培养和队伍建设是保证持续发展的方法、动力，树立共同愿景和团结创新是发挥整体优势的基础。为此，不管科研生产任务多重、内外事务多忙，她始终把人才培养、团队建设放在首要的位置上。为促进青年科技人员更快地成长为人才，她对近几年入院的新员工采取给机会、压担子，建立引导、激发、鼓励机制和以老带新等多种方式，给他们以锻炼和施展才华的机会和空间。2006年，她又倡导并制定了部门青年科技人员科研成果激励机制，当年就有8名获得了论文奖励。除此之外，她还有计划地送职工参加进修学习和资质培训，并坚持开展内部专业培训和技术交流活动。仅2006年以来，该部门就有50人次分别获得了安防工程企业技术专业人员、通信建设工程师和概预算、电气工程师、系统集成项目经理和高级项目经理等执业资格（注册）证书，无论为部门发展还是为职工个人的发展都创造了良好的条件。这些举措取得了显著的效果，许多年轻人来院一二年后就已能够独立承担项目。

张鹭非常注重以文化力促进部门的

生产力。她在部门积极倡导团结拼搏，鼓励开拓进取的同时，注重树榜样、立先锋，提倡奉献精神、宣传互助品德，凝造尊重人、理解人、关心人，促和谐的团队氛围。为增强团队凝聚力，她针对部门人员长期在现场出差的具体情况，建立了网上的“家”，通过网络平台，拉近了分布在全国乃至国外港口码头现场的同事们彼此之间的距离，虽然数日未见，但通过经常进行网上的思想交流和工作沟通，同事们也从未有过被遗忘的感觉。

张鹭用女性特有的细心和体贴关心着部门的每位职工。她注意发现员工身上的闪光点和思想、情绪上的微小波动，因势利导做好深度沟通。她多年来一直坚持同事们的邮件当天回复，经常在深夜的时候还上网看看，是否有现场的情况或是同事们的思想动态发过来，常常在夜深人静的时候，还坐在计算机前，认真地回复着每一封邮件。她既是领导，又是他们的贴心人，经常和同事们谈心，努力帮助大家解决实际困难和问题，大家无论工作上遇到困难，还是生活上碰到难事，也都愿意和她说说。她心里挂念着每位同事的提职称、谈朋友、做父母、买房子、孩子上学以及家属的健康等个人琐事。她记着每位同事的生日，即使自己出差在外也惦记着短信祝福。逢年过节，她总是给在现场调试不能回家的同事打个电话问候，当同事们从外地现场出差回来，不管有多忙，她总是抽时间与他们聊聊，并将自己的现场工作经验毫无保留地传授给他们。同事们都说：生活在这个集体里永远感到心里暖暖的。在她的带动下，自控部形成了浓厚的团结、向上、互敬、互爱、干事业的和谐气氛和良好的工作环境，出色地完成了各项工程项目和科研课题。

（三）追求事业，自强不息，德才备受赞誉

张鹭热爱水运交通科技事业，把不断提高自身素质和科研水平，努力为国家水运交通事业发展做更多贡献作为自己人生的追求。在科研任务繁重、工作压力越来越大的情况下，她始终坚持学习，不断提高和完善自己，在本职专业领域始终保持了行业领先的水平。近10年来，她利用业余时间先后读完了首都经济贸易大学企业管理专业研究生和武汉理工大学博士学位进修课程。同时，还考取并获得了国家有关部门认定的“机电工程专业监理工程师”、“国际项目管理专业资质认证（IPMP）项目管理专家”、“计算机、网络设备及布线安装工程专业全国建设工程造价员”和“项目经理”、“高级项目经理”等执业资格证书，并在核心期刊上发表论文数篇。

张鹭把科研当事业，以事业为追

求，为港航数字化管理的发展倾注了全部心血，几乎把全部的时间都用在了工作上。她克服家庭困难，承受了工作中的种种压力和在市场上拼打的艰辛，忍受了疾病给身体带来的伤害，20多年如一日，舍小家为大家，舍个人为事业，坚信“阳光总在风雨后”，始终保持着旺盛的工作干劲和乐观的生活态度。她兢兢业业、吃苦耐劳，以忘我的敬业精神和优秀的品德修养，在为我国水运交通科技事业发展的奉献中，实现了自己人生的价值，得到交通运输部水运科学研究院广大干部职工和业内人士的一致好评。

点评：

作为科技工作者，张鹭始终遵循着求真务实、认真严谨、勇于创新的科学态度，努力开拓创新，不断进取。应该说张鹭是新时期我国交通科技工作者的杰出代表，她所秉持的精神也是发展现代交通，建设创新型交通的宝贵精神财富。

二、勤于实践，凝聚团队——劳动模范张光玉

张光玉，男，中共党员，教授级高工、交通部环保中心专家组成员、院学术委员会委员，交通部天津水运工程科学研究院环境保护研究一室主任，天津市科技大学兼职教授、硕士生导师，2008年荣获天津市劳动模范称号。

张光玉

（一）劳模精神，科技工作者的理想和追求

劳模精神，展现了一个科技工作者——张光玉的理想和追求。张光玉认为，港口环境问题的解决，依赖现代科学技术的进步，环境保护关系到全民族的生存和发展，保护环境实质上就是保护生产力。特别是跨入21世纪，港口环境保护科技创新正以前所未有的速度发展，使环保科技工作者面临着更加艰苦的任务。张光玉坚持勤奋实干，是天津水运工程科学研究院（简称“天科院”）领导和职工有目共睹的，他一年当中算上假期能在单位的时间不多，基本上都是出差在外。他在办公室工作的时候，经常工作到深夜。他深知肩负着历史使命和社会责任，在科技的攻关中，艰苦创新，奋发进取，为改革、发展和稳定做出了应有的贡献。他认为，

如此才是一名共产党员、新时代科技工作者应有的理想和追求。

张光玉自从参加工作以来，一直从事港湾环境水力学的研究工作，工程环境可行性研究，交通建设项目环境影响评价方法及理论的研究，主持开展了港池净化机理，水运工程建筑物布局对物质迁移扩散的影响，港口排污口动力条件的环境优化等专题的研究，取得了具备较高理论水平和应用价值的成果，被应用于交通、海洋和海岸工程的环境评价和保护之中。他从1990至今，先后在国际学术讨论会、国家级专业学术会议及相关杂志上发表论文数十篇。作为主要起草人，编写了《港口工程环评技术规范》与《内河航电工程技术规范》。同时，他还主持完成了大中型交通建设项目环境评价及科研项目40余项，其中包括《天津港神华煤码头工程环评》、《秦皇岛港抛泥地选划》、《山海关船厂20万吨级船坞工程环评》、《连云港庙岭三期工程环评》等报告。他还曾获得“污水处理装置（苹果型）”、“小型污水处理回用装置”等国家专利。2008年，他参与主编了《天津湿地与古海岸遗迹》一书。

张光玉在大型防风网应用方面的研究在国内外具有较高的知名度，作为防风网防尘技术的研究和设计处于国内领先水平。他结合大量实际工程，采用风洞试验结合数值模拟等方法对防风网技术进行了深入和广泛的研究，并取得两项防风网的国家专利。其发明的防风网技术已应用于神华天津煤炭码头、曹妃甸煤码头、秦皇岛煤码头、宁波港镇海区、福建罗源湾港区等的防风网工程的前期研究工作和其中部分工程的设计工作。其撰写的《秦皇岛煤炭堆场防风网建设工程可行性研究》获交通部优秀水运工程咨询成果二等奖，《港口散货堆场防风网建设关键技术研究》获天津市科技进步奖二等奖、中国港口科技进步奖二等奖。还获得了“升降式移动防风网装置”、“高强度防风网”等四项国家专利。

作为科技骨干，张光玉在诸多领域都取得了一定成就，并得到了国家级的诸多荣誉称号。他在1997年被列为交通部跨世纪培养人才，1998年被列为交通部青年科技人才，2003年被评为天津市“十五”立功先进个人，2004年被交通部聘为成绩优异的高级工程师，2008年先后被天津市海洋局和国家海洋局聘为天津市海域使用论证评审专家、国家级海域使用论证评审专家和国家海洋功能区划专家委员会委员，并获得2008年度天津市劳动模范光荣称号。

（二）以人为本，为党和人民建立新的业绩

张光玉作为环境保护研究一室的带

头人，一贯坚持以高尚的职业操守和严谨的科研成果为业主提供优质的技术服务。作为一个科研工作者，他强调的“报告书质量是第一生命线”的理念，一直以此作为全科室工作的核心思想，并以此为最高原则来进行科学研究和相关的评价、论证工作。作为室主任，在市场经营方面，他身先士卒，取得了优异的经营业绩。环境保护研究一室科研生产效益逐年大幅度提高，科研项目合同额从2003年的700余万元，增长到2008年的4000万元，平均年增长幅度超过40%。对于科研单位来说，科研水平是第一生产力，科研生产效益的背后，全科室的科研生产水平也在他的带动下有了长足的发展。2001年至今，全科室发表论文70余篇，专著两部，获得国家有关部委和天津市科技奖项近10项。在张光玉的带领下，环境保护研究一室从2004年到2009年，连续5年获得院先进集体荣誉称号，多次被评为天科院市场经营标兵。

“科学技术作为生产力，越来越显示出巨大的作用。”是的，据介绍，张光玉等发明的升降式移动防风网装置，具有重要的港口环保作用。这是因为，随着现代工业的发展，港口各类煤炭、矿石等散料在装卸和储存作业中粉尘对环境的污染日益严重，这些粉尘不仅严重影响着人们呼吸系统的健康，而且危害人们的生存环境，对大气环境造成严重的污染，而且造成不必要的物料流失。

当前，中国经济结构特点和工业化进程，决定了中国港口运输在今后较长时期内将继续保持较快增长。防风网的作用，一是作为屏障阻止粉尘飞行；二是以自身的微环境来调节空气流动，即实现挡风抑尘效果。

张光玉发明的防风网技术是国内的先行者。为了进行这项科学技术的拓展，张光玉曾经特意到四川绵阳与空军某部合作进行试验，为此他投入了相当大的精力。在软课题方面，针对国家的规划和环境评价的技术发展，张光玉还进行了很多深入的工作，如对国家海洋使用决策起到重要指导意义的海洋功能区划的修编，海洋工程环境影响评价和港口工程环境影响评价技术导则等多个对环境影响评价工作起到指导作用的技术文件的编写等。张光玉作为环保和海洋规划方面的专家，多次受询于交通运输部、环保部和国家海洋局。

（三）人格魅力，凝聚铸就团队的共同理念

张光玉作为一个科研部门的管理者和科研带头人，不仅思维活跃，而且极具开创精神，踏实肯干，艰苦奋斗，他在科研一室工作已经8年了。

随着市场的变化张光玉领导的科研一室工作也已经发生了很大的变化。近

两年，水运市场非常活跃，张光玉实实在在地做到了对科研工作开创进取，精益求精。以前，水运工程研究院环保一室的业务项目是比较单一的，都是做水运工程项目的环境影响评价。张光玉来到科研室之后，经过对科研室科研情况的深入了解，认为，虽然这个项目有一定的延续性，然而考虑到将来的发展，一个科研室不可能只靠单一的业务发展，而且对科室基础的发展也会产生不利的影响。在这几年的发展中，凭借他对行业科研发展发现和科研市场的敏锐的洞察力，科研室积极开拓了环保工程研究、海域使用论证和综合用海规划等多个研究方向。不但在业务拓展方面取得了成绩，还给科室的年轻人带来了更多了个人发展方向，为培养多层次多领域人才提供了良好的实践平台。

张光玉为了科室科研工作的创新，以高尚的人格魅力，带领科室人员团结协作，发扬团队精神，为科研院创造了很多价值。

张光玉于2001年初任科室主任的时候，科研院搞环境保护研究的科室还只有2个，一个是环境保护研究室，另一个是环保设计所。通过8年时间的勤于实践，勇于创新的发展，天科院在环保科研领域取得了丰硕的成果，两项专利的获得和多个获奖项目，都闪烁着张光玉的创新精神和领导才华。随着不断的创新、发展和壮大，天科院的环保科研领域不断拓展，逐渐从张光玉领导下的环保室中拆分出了专门从事公路项目环境保护研究的环保二室，从事环保工程研究、设计和施工的环保工程部，以及从事环境工程监理的环境监理部。这些部门业务领域的开拓都是张光玉在院领导的支持下，发现一个、拓展一个、成熟一个、送走一个。

（四）勤于奉献，一个敢打硬仗的带头人

聚精会神搞科研，一心一意谋发展，已经成为张光玉领导下的科室人员的共识。认清肩负的使命，增强责任感，追求新境界，创造新成就，是张光玉对全体科室人员的要求。

张光玉在管理方面，有比较特殊的观念——科技的发展必然会给社会的发展带来巨大的推动，科技的进步和发展越来越成为经济社会发展的决定因素。他认为坚持经济建设必须依靠科学技术，科学技术必须面向经济建设。经济竞争，归根结底是人才的竞争，而高水平的人才取决于成功的教育和培养。科技事业的发展需要培养和造就一代年轻的科技人才，这是一项十分紧迫而重大的战略任务。是的，为了对科室年轻人员的关注和培养，张光玉特别重视发现有创新意识、有创新能力的人才，甘作年轻人的垫脚石，给他们搭台子、压担子。敢于把他们推到科研一线，给年轻

人创造提高和发展的机会。张光玉开创了一个创新的管理模式。张光玉领导的科研室主要以年轻人发散性的思维为主。例如环保一室，科研工作虽然仅仅是做前期的海洋工程环境保护工作，但是拓展的业务方面却比较多。例如安全评价，海运使用论证，以及水动力模型的研究，生态环保技术的研究，如何把港口建设成生态港口等。

在横向科研市场兴旺发展的同时，张光玉也从未放弃对纵向科研项目的探索。虽然横向科研课题能够积累工作经验，并为单位积累经济实力；但作为科研院所，科研水平的提高才是硬道理。整个科研室水平的提升来源于作为科研室组成基本单位的各个科研人员水平的提高，尤其是年轻人的发展尤为重要。如何促使年轻人在繁忙的横向科研项目中抽出更多的精力进行能力的提升，张光玉悟出了一套特有的管理办法。每年除分配科研生产任务外，根据个人情况，同时分配给每个科研人员一个年度的科研指标，通过申报纵向科研课题，编写论文、著作和项目获奖等方式取得分值，并建立与个人收入联动的奖惩机制。制度的不断完善大大促进了科室科研水平的提高，同时对年轻人的发展起到了重要作用，其已成为天科院的交通环保科研水平在全国交通环保行业中多年处于领先地位的原动力。

点评

张光玉20年如一日，工作勤勤恳恳，任劳任怨，勇于创新。作为一名科室带头人，充分体现了作为一名优秀的科技工作者勤于实践，勇于创新的职业素质和追求严谨、追求卓越的风范。

三、交通发展卓越贡献者——李亚茹

李亚茹由于在交通经济研究领域的突出贡献，先后被授予“中央国家机关优秀女领导干部”，“全国三八红旗手”，“中央国家机关五一劳动奖章”，“全国先进工作者荣誉称号”。2007年当选为中国共产党十七大代表。

李亚茹

李亚茹同志1983年毕业于西安公路学院汽车系汽车运用工程专业，同年分配至交通部公路科学研究所，从事公路交通发展战略、规划、法规政策、交通经济等软科学研究工作至今。现任交通运输部公路科学研究院公路交通发展研究中心主任，研究员。

李亚茹同志自参加工作至今已近27年，这期间，她亲身经历了中国公路交通从起步到快速发展的全过程，并积极投身于交通建设的科研工作中。随着交通发展对软科学研究需求的日益增加，李亚茹同志以饱满的工作热情和高度的敬业精神迎接一个又一个新难课题的挑战。她刻苦钻研，勤奋工作，锐意进取，追求创新，凭借着自身较强的学习能力和对重大热点问题的敏锐观察力，不断探索公路交通发展的规律，在交通发展战略与规划、公路建设和养护资金政策、公路管理体制机制、道路运输发展政策、现代运输组织技术、现代物流、综合运输体系研究等领域取得了多项创新性的成果，在平凡的科研岗位上做出了突出的成绩，不仅实现了由汽车运用工程专业向软科学研究的成功转型，而且目前已成为交通软科学研究领域的学术带头人和知名专家。李亚茹同志多年来始终以追求创新和不知疲倦的精神忘我地投入工作，常年超负荷的工作和体力透支使她的身体状况逐步变差，身患多种疾病，但这并没有改变她乐观豁达的性格、阳光平和的心态和对事业的不懈追求。近年来先后主持和参加各类国家、省部级科研项目和工程咨询项目百余项，主持了多项重大科研课题，取得的研究成果中有多项为交通发展决策提供了重要的依据。先后获得交通部科技进步三等奖1项，中国公路学会科学技术一等奖1项、二等奖4项、三等奖2项。在学术期刊、杂志、报刊上公开发表论文和署名文章40余篇。由于其在交通软科学研究领域的突出贡献，先后被交通部、中央国家机关、人事部和全国妇联等部门授予“新世纪十百千人才工程”第一层次人选、交通系统优秀共产党员、中央国家机关优秀女领导干部、“新世纪百千万人才工程”国家级人选、全国三八红旗手、中央国家机关五一劳动奖章等荣誉称号，2005年享受国务院政府特殊津贴，2007年当选为中国共产党十七大代表。

（一）跟踪行业发展热点问题，在公路投融资、税费改革和管理体制机制等领域进行了创新性的研究

公路投融资问题一直是各国政府在交通发展不同时期所共同面临的难点问题之一。李亚茹同志自20世纪80年代末就开始参与公路资金问题的研究工作，承担了世界银行下达的《中国公路资金筹措研究》，在该课题中开创性地提出在我国征收燃油附加费（税）的政策建议，并提出改革我国传统的以养路费为主体的筹资体系，建立以燃油附加费为主体的公路税费体系等政策建议。该研究成果中的多数政策建议被海南省燃油税改革的实践所应用。此后，根据交通发展的需要，又先后承担了交通部重点项目《收费公路发展模式研究》、《车购税有偿使用研究》、《关于实施燃油附加费的研究》等相关课题。这些课题都是为了配合当时交通发展特定政策制定的需要而设立的，课题研究成果为交通部制定相关的行业政策提供了重要支撑。由于长期对资金问题的密切关注和专业积累，2001年作为主要研究人员直接参与了国家费改税工作的交通部方案的研究工作，在燃油税方案的测算和国内外比较研究方面做了大量有价值的工作，取得了适应我国国情的成果。在本次燃油税费改革的关键时刻，配合交通行业对燃油税改革工作的宣传，多次通过报刊、杂志发表文章或向交通部领导提建议等方式，向社会宣传和解读燃油税费改革的重大意义，并配合有关司局的重点工作，及时开展了燃油税费改革对交通行业发展的影响、燃油税费改革油运价格联动机制等研究，为交通部门燃油税费改革的配套工作提供了决策依据。

交通管理体制机制改革一直是交通部门面临的难点问题。李亚茹在其所主持的《高速公路管理体制研究》、《公路养护管理机制研究》等课题中，运用经济理论和方法，深入研究国家体制改革和市场经济发展的最新要求，提出了具有创新性的政策建议，为公路养护体

制改革的相关工作提供了重要的决策参考。该项目获得了中国公路学会的科学技术二等奖。此外，随着近年来交通行业的快速发展和交通行业体制改革等工作的要求，在出租汽车管理、城市公交管理、交通行业应对金融危机、公路超载超限治理长效机制、推进综合运输体系发展和交通行业促进现代物流业发展等行业关注的重大热点和难点问题的研究中，积极配合行业主管部门的工作要求，主动响应、加强调研、深入研究、观点鲜明，发挥了重要的智囊作用，受到部领导的好评。

（二）探索道路运输发展规律，为我国道路运输发展政策的制定和现代化运输组织方式的变革提供了前瞻性的研究

在我国，道路运输在综合运输体系中占据重要的地位，虽然近年来基础设施有了长足的发展，但我国的道路运输发展水平却没有伴随着公路基础设施建设的快速进步而发生深刻变化。作为在道路运输领域长期从事研究工作的一线科研人员，李亚茹同志对此感到责任重大。她凭借自己在澳大利亚和加拿大进行过长期和专业的道路运输技术和管理培训基础，运用所学知识，不遗余力在我国道路运输行业研究和推广先进的运输组织技术，如公路快速货运、甩挂运输、集装箱多式联运等技术。她主持的《公路快速货运网络系统研究》、《江苏省公路快速货运网络系统研究》等课题前瞻性地对在我国开展公路快速货运的条件、可行性、相关理论和具体实施方案等进行了系统研究。以此为基础，在作为主要研究人员承担的国家技术创新项目《山东省公路快速货运系统研究及示范工程》项目中，以建立省域公路快速货运系统为目标，首次研究并提出建立跨地区、跨部门的网络化快速货运组织模式和相关的实施方案，并组织该示范工程的实施。该项目通过在山东9个地市开展示范工程试点，成功地带动了以“兔兔快运”为代表的山东省多个快运企业和快运网络的行程和快速发展，为我国公路快速货运这种先进的运输组织技术在更大范围的推广起到了示范带头作用。

李亚茹同志曾主持《西部地区公路运输服务体系研究》、《西部地区快速客运系统关键技术研究》、《农村客运网络化发展对策研究》等多项西部交通科技项目和《“十二五”期道路旅客运输发展思路及实现途径》、《城乡交通一体化对公路交通发展影响研究》等课题的研究工作。她经常深入行业生产第一线进行调研，了解行业发展不同层面的问题，很好地结合行业发展的实际问题和行业管理的需求，通过自己的思考和对政策独到的理解，提出符合行业发

展要求的研究思路，抓住关键问题指导课题研究，提出政策建议。为配合全国治超工作，李亚茹同志带领科研人员及时研究并提出了《道路货物运输成本及合理运价研究》，并参与了《公路超载超限治理长效机制关键技术研究》等课题，从经济学角度提出了超载超限形成的机理，提出了治理超载超限的经济手段和相关政策建议。由于研究成果的科学性和实用性，受到交通部领导和相关部门的好评并获得奖励。由于其认真严谨的科研工作作风，不仅使上述重点课题获得了较高的奖励和荣誉，同时也带出了一支技术过硬的软科学研究队伍。

（三）坚持科学严谨的治学态度，在公路定价研究等领域发挥了科学决策的作用

李亚茹同志对待科研工作始终持有严谨的态度和对研究成果科学性的追求。她所主持的某省高速公路费率研究课题，是世界银行下达的公路贷款项目下的配套研究项目。该项目是首次针对联网收费条件下省域高速公路定价问题进行研究，面临的研究对象具有路网条件复杂、所在区域经济发展水平差异大、原有收费费率较高等特点。她带领着研究团队，通过大量的调查、研究和论证，摒弃了一般情况下由经营者主导制定高速公路费率方案的做法，本着公平、公正的原则，充分考虑了公路通行费对运输经营者的成本影响等因素，综合采用成本效益分成法、收费收入最大化和自行研究标定的收费交通量转移模型等方法，提出在现有费率基础上下调费率的大胆结论。国内还从未有过下调收费费率的先例，此结论受到了委托方的质疑。但她带领课题组反复核对研究和测算过程，最终坚持研究结论，并对委托方进行了大量耐心的解释，最终完全按照课题研究结论实施。经实践证明，正确科学确定的收费费率方案实现了道路经营者、道路使用者、政府三者利益的共赢。收费额度不仅没有下降，反而由于费率的下降诱增了新的交通量，使得交通量增长了25%左右，收入增长20%，公路使用效率有了大幅度提高，世界银行对此课题给予了高度评价，该课题成果为交通部制定全国高速公路收费费率提供了重要参考依据。在一些她所在部门承担的其他工程咨询项目中，此类的问题比比皆是，但她始终能够在科学论证基础上，以理服人，坚持了项目的科学性，避免了许多人为的决策错误。在积极承担科研项目的同时，在交通规划和工程咨询领域也做出了突出的成绩。她所在的发展中心所承担的多个国家公路运输枢纽规划和相关站场前期项目的研究，为各级交通主管部门在公路和站场建设的顺利实施提供了重要的依据，其中许多项目已投入建设和使用，取得了较好的经济效益和社会效益，在行业中享有良好的信誉。

（四）发挥共产党员模范作用，在精神文明建设中做出突出成绩

李亚茹同志十分热爱自己的本职工作，由于她突出的工作成绩获得了诸多荣誉。每次获得奖励和荣誉，她都以一种平和的心态面对，并且以倍加努力工作来回报组织上的关心。面对其他单位许以住房、高薪等诸多诱惑，她毅然选择留在公路院。她说，是公路院给了她科研生命，也是公路院给予她在交通行业发展中贡献自己智慧的机会和发展机遇，她热爱科研工作，对此她没有遗憾。她认为唯一的报答方式就是努力工作，在平凡的岗位上做出不平凡的成绩。虽然身患糖尿病、腰疼等多种疾病，有几次出差腰病发作不能翻身，但她从没因此影响工作。她一年在外出差的时间达到6~7个月，繁忙的科研和管理工作使她不得不放弃家里几乎所有的家务，孩子的家长会从未参加过。在担任部门领导职务后，管理的任务重了，但她依然保持着学术带头人应有的工作作用，及时地关注着行业发展的最新动向，不断提出新的研究领域。每一个新的课题，她都会亲自参与研究大纲和主要内容的编写和审定，进行最终的把关，并且把课题的创新性放在首位，有时她对课题研究的深度或质量的要求让职工看来近乎有些苛刻，但她认为科研水平是研究人员的生存之本，因此在她的带领下，公路院公路交通发展研究中心迅速成长为在行业软科学研究领域和为部决策服务中的重要部门之一。在精神文明建设方面，她一贯坚持以人为本、和谐发展的理念，想职工所想，为职工办事不求回报，为大家不断改善工作条件和环境，关心职工的生活，为他们排忧解难。她以一个优秀共产党员的标准严格要求自己。

点评：

软课题研究是交通行业发展的关键性环节，它直接影响着现代交通发展速度与质量。多年来部党组特别重视对交通经济和交通软课题的研究。李亚茹同志近30年工作中以饱满的工作热情和高度的敬业精神刻苦钻研，勤奋工作，锐意进取，追求创新。为交通事业的发展做出了巨大的贡献。

四、蜡炬精神赞——献身事业的老共产党员张乃人

张乃人，男，中共党员，1948年参加革命，1949年加入中国共产党，曾任交通部工业局副局长，1983年到交通部水运科学研究所（现交通部水运科学研究院）担任院党委书记。几十年的风风雨雨，他的职务在变化，但一心

为党的事业而辛勤耕耘的精神却始终如一。2007年1月31日，张乃人同志静静地离开了他热爱的事业、挂念的同事和挚爱的妻儿。

张乃人

（一）辛勤耕耘永葆本色

作为党委书记，张乃人把干部队伍建设放在十分重要的位置上。特别是对年轻人，更是倾注了满腔的热忱。20世纪80年代初，我国改革开放蓬勃兴起，年轻人思想活跃。为了保护他们的积极性，同时又让他们看准正确的前进方向，张乃人从一点一滴入手做工作。当时正值30多名大学毕业生来到水运所，张乃人亲自主持了欢迎会，以“我比你们早来了半年”一句话让年轻人感到亲切而又亲近。至今，已经是副院长的张华勤还清清楚楚地记得老书记那段时间同他的三次谈话：1986年，随交通部远洋船赴欧洲考察后，谈工作、生活、收获、学习、思想，要求埋头苦干；1987年参加中央讲师团到四川支教后，谈扶贫、锻炼；1988年夏天回到研究室，所里搞体制改革，谈年轻人如何正确对待个人与集体的利益关系。“这三次谈话，对我成长关键时期各方面的成熟产生了重要影响。”离休后，张乃人还念念不忘对青年的教育，经常给一些年轻人写信，摘录一些人生格言，谈人生的价值，谈要注意坚持正确的政治方向。张华勤深深地沉浸在那段难忘的回忆中：“正是老书记和党委一班人的关怀，当时的那些年轻人现在已经成为院里方方面面的骨干力量。”

“九五”后期，曾为我国港口设备发展做出重大贡献的港口机电设计研究部门业务低迷，经济效益持续下滑。张乃人凭着多年在港口设备行业工作的经验，积极提出稳定队伍、转换机制、整合力量、扬长避短，以西部中小港口开发为着力点等建议。2005年，随着水运所挂牌成为“交通部水运科学研究院”，港口机电专业开始走出低谷，业务不断发展。此时，全院干部职工都不会忘记老书记为全院发展而殚精竭虑的可贵精神。

（二）尊重知识尊重人才

张乃人来所工作后积极执行党的知识分子政策。在他的倡导和主持下，水运所党委积极按照党员条件陆续吸收了几十名同志加入中国共产党，给党组织增添了新鲜血液，带来了新的朝气。这些同志入党后严格按照党员标准要求自己，起到了模范表率作用，成为科研与管理工作中的骨干力量。一位有突出成就的女专家当选为中共十四大代表；有的同志被评选为中央国家机关优秀共产党员、交通部直属机关优秀党员，并荣获北京市“五一”劳动奖章；有的同志被评为有突出贡献的国家级专家。

一位党外科技专家从1983年起先后任水运所副所长和总工程师，曾连任四届全国人大代表。张乃人对他十分尊重和关心，并建立起了深厚的友谊。两人离退休后，还一直相互关心，保持着良好关系。

（三）重新塑造“特殊团队”

1990年离休后，张乃人担任了水运所离退休干部党支部的支部书记。他面对的是一支100多人并呈迅速扩大趋势的离退休干部队伍，而全所正式职工也就300多人。

当时，由于水运行业大环境的影响，水运所的发展也相对处于一个低谷。横向对比效益好的单位，一些离退休干部有些想法。张乃人以一位离休老干部的身份，从自己的感受讲起，讲更要关心单位的发展，讲只有单位发展了大家才能够共同提高福利待遇和生活水平。循循善诱的交心，深入浅出的道理，解开了老干部们心中的疙瘩。在老干部们的活动中，大家更多的是关注单位的科研工作和市场开发了，并且积极发挥智力资源和经验的优势，为交通水运事业发展继续发光发热。

2003年 8月，水运院承担了对我国所有对外开放港口设施进行保安评估、制订保安计划的重要任务。在时间紧、任务重、责任大、难度高的情况下，张乃人向院领导建议听取离退休老同志的意见、发挥老同志们的作用，对任务的出色完成起到了积极作用。此后，听取老同志对院发展的意见和建议便成为院里的一项工作制度。“十一五”开局之年的2006年初，离退休老领导、老专家与院领导就单位发展的重点、难点问题进行座谈，提出了很多宝贵的意见和建议。

院领导包括广大干部职工都说，离退休干部现在已经成为促进水运科学研究院发展的一个“特殊团队”。

（四）不求索取唯有奉献

张乃人在全院干部职工，尤其是离退休职工中享有极高声望，一个很重要的原因，是多年来他对单位、甚至对社会尽量多做贡献的奉献精神。

作为一位老干部，张乃人从不因自己个人的事让单位去做什么，既使到医院看病，也是让老伴儿陪同悄悄地去。

张乃人几十年来生活十分简朴，现在他的家中还有早年参加工作“供给”时代配备的陈旧家具。老两口都是七八十岁的高龄老人，却坚持不请保姆，自己照料自己。单位的上上下下都知道，老书记心里装的更多的是国家，是周围的人们。在各地有了灾害，他总是响应号召捐些款项。据不完全统计，多年来，张乃人共为灾区捐款20余次，现金5000余元、衣物百余件。甚至对居住地中生活有困难的清洁工、保安，逢年过节他也会送上一些钱表表心意，把“和谐”二字体现在生活中。

病重住医院期间，张乃人多次叮嘱家人和院老干办的工作人员，不要让院领导来看望，不要告诉老同志，怕麻烦大家，为他担心。院党政领导到医院看望时，老书记已经十分虚弱，但能讲话时，讲的还是是党和人民给了他一切，向党组织表示感谢，讲的还是最后用自己的身躯为医疗事业做贡献。

“我自1948年正式参加工作以来，尽心尽力为党和国家工作了四十多年，自认为无愧于党、国家和人民。现在我已年近八十，对组织的照顾非常满足。我死后不要举办任何仪式，我愿意贡献遗体给医疗事业，眼角膜等均可捐献。不留骨灰。拜托拜托。”

点评：

张乃人，一位老同志、老党员、老领导，几十年的风风雨雨，一心为党的事业而辛勤耕耘，为党的事业操劳一生，重病在卧所思所想的仍然是为党为人民再做一些事，高尚的情操催人泪下。

五、路一样的品质、桥一样的意志——公路设计的先行者和继承人

北京，繁华的东四路口。午夜之后，当车水马龙的喧嚣渐渐远去，展示都市风情的霓虹灯渐渐熄灭的时候，有一座白色的办公楼里却依然灯光明亮，这是中交公路规划设计院的工程师们正在伏案创作。就在这一个个不眠的夜晚，一座座大桥、一条条公路在他们手下诞生……

（一）第一代公路桥梁工程师集体

大型画册《辉煌历程》，记录了新中国第一代从事公路桥梁设计的工程师们所做的奠基式的工作，记录了他们走过的里程碑式的道路。

戴竟，我国桥梁界的一代宗师，在国内外享有盛誉。他所主持或指导设计

的20多座桥梁，包括了从拱桥到悬索桥等多种桥型。2002年11月，在他90岁华诞时，公规院领导为老先生做出了高度评价："道德文章，惠泽后世；路桥述作，时代风流。"

如今，斯人已逝，而那些大桥屹立在山川大地上，成为丰碑。兰州黄河铁桥是1908年德国人建造的，当初只能通过马车，到50年代初已经摇摇欲坠。新中国为了建设兰新铁路，大量物资需要在此经过。当时，外国专家主张拆掉重建，戴竞提出了弧形上弦杆加固方案，只用了6个月的时间便改建成功，载重量由8吨提高到20吨。如今，这座铁桥仍然是兰州黄河两岸的重要通道，和著名的"黄河母亲"雕塑一起，成为一道壮美的景观。

新中国成立不久开始建设的川藏公路，是一条全长2 255公里、平均海拔高度3000米的高原公路。齐树椿、李鲁卿等老一辈工程师参加了这条公路的测设。那时，没有任何地质资料，筑路大军跟在身后等待施工。他们的行李只有一件皮大衣，每天吃的是生牛肉干巴和青稞粉，常常累得在悬崖上爬都爬不动……

不论多苦，工程师们有一条不变的原则：选线要经得起历史考验。因此，川藏公路的布线经过了反复比选。前苏联专家考察之后由衷地赞叹："几乎每一个点都是不可移动的。"

每一个点都是不可移动的。因为每一个"点"都是工程师们爱国情感和科学精神的结晶。

今年82岁的老工程师鲁世宗，50年代曾经两次进藏工作。

1957年5月，他第一次去西藏，从四川雅安出发，走了一个月抵达拉萨。那一次是在雅鲁藏布江边测设公路。人住在帐篷里，牙膏都冻住了，每测量五、六公里就得搬一次家。这一干就是半年多。

为测设中尼公路，1962年他第二次进藏。这是一条沿着波曲河修建的公路，在三、四公里外就能听到瀑布的轰鸣。时值困难时期，每个人粮食定量35斤，没有蔬菜，吃不饱。他们测设的20多公里路段处于深山峡谷之中，上下高差2 000多米，每天都要在悬崖峭壁间爬行，爬到山顶的人用绳子把山下的人一个一个地拉上来。

每天晚上，都要在帐篷里昏暗的油灯下整理数据，绘出图纸。鲁世宗老人说，从来没有遇到过这么险峻的地形，在那个环境里工作，死人的事经常发生。地质工程局一位年轻的技术员，就是在攀登悬崖时掉了下去。担任施工的铁道兵部队，有100多名年轻的官兵长眠在那片高山密林里……

22年前，为墨脱公路选线的赵春先和江建光也走进了西藏。1984年8月初开始，他们用4个月的时间先后调查了扎木、迫龙、遂拉至墨脱的三条公路路线。4个月的野外勘察，每一天都在历险。他们的装备只有砍刀、棍子和裹腿。砍刀开路，棍子打蛇，裹腿防蚂蝗。

在喜马拉雅山的南侧，离麦克马洪线30公里的地方，要翻过一个海拔4800米的垭口。那是一个泥石流的沟口，已经形成了一个冰湖，人只能从冰上爬过，300多米爬了4个多小时。攀爬峭壁时，把裹腿拴在树上，身下就是万丈深渊。

在迫龙，他们遇上了泥石流，大树、石头滚滚而下，浓烟升腾；在甘代，大雪压垮了帐篷，民工都不敢往前走了；折返途中，赵春先脚下一滑险些坠落悬崖，幸好一棵大树挡住了他，他望一眼身下滔滔的雅鲁藏布江，一股寒气袭上心头。

《辉煌历程》中有赵春先在雅鲁藏布江上溜索过江的照片：在悬崖峭壁之间，滚滚波涛之上，赵春先紧紧抓住溜索。不知道，此时他是有一种飞越天堑的快感，还是有一点挑战胆量的恐惧？

赵春先至今珍藏着由他执笔的三篇报告：《西藏墨脱公路可行性研究调查报告》、《墨脱公路可行性研究调查工作汇报》、《墨脱县应尽快修通公路》，约三万字。这些报告记录的三条线路沿线的地质地貌、水文气象等资料，都是他们一步一步实地勘察得来的。

人一旦生活在一种境界里，超越苦乐，超越得失，得到自在，他的人生就会充实和精彩。在公规院，许多功成名就的老工程师退而不休，创造着自己事业和人生新的辉煌。

今年82岁的设计大师王建瑶，须眉皆白。他曾经担任公规院总工程师。

王建瑶70岁至80岁之间的10年是这样度过的：在江阴大桥设计3年，配合施工5年，直至大桥建成；之后，在润扬大桥做技术顾问3年。期间，李岚清副总理多次到桥上考察，认识了他。2002年，李岚清再一次来到润扬大桥时，风趣地问道："那位白眉毛老兄在哪里？"王建瑶来到副总理面前，他们灿烂的笑容定格在镜头里。

王建瑶70年代后期就致力于在公规院推广计算机技术的应用，还担任了中国土木工程学会计算机应用学会副理事长、中国工程计算机应用协会主任委员。1994年，他以77岁的高龄被评为设计大师，1997年全国科学技术协会授予他"全国优秀科技工作者"称号。王建瑶说，不论年纪多大，设计理念不能守旧，要善于学习新理论、新技术，自以为非，捕捉设计科技发展的前沿信息，掌握技术进步的主动权。

前不久，刘泽英高工刚刚从苏通大桥现场回来。她开朗、干练。72岁的人了，走起路来还像年轻人一样。她是公规院元老之一，29岁起，就担任了项目设计的负责人。20年前，老伴去世不久，她就毅然接受了去扎伊尔工作的任务。那时，小女儿刚读初二。

如今，孩子们成才了，她也成了享受政府特殊津贴的专家。然而，她却依然没有离开设计现场。在那里，她依然青春不老。

（二）中青年专家周海涛和孟凡超

进入21世纪第一年，周海涛和孟凡超在同一天履新——他们同时被路桥集团任命为院长和副院长。这一年，周海涛46岁，孟凡超41岁，都是中青年专家，都年富力强。

孟凡超1982年大学毕业后来到公规院，主持设计了南京长江二桥、厦门海沧大桥、阳逻大桥、深圳湾公路大桥、杭州湾跨海大桥等著名桥梁，获得过全国优秀工程设计金奖、全国优秀工程咨询成果一等奖、中国公路科技一等奖、詹天佑土木工程大奖等国家级奖励，是交通部“十百千人才工程”第一层次人选，他还担任着中国土木工程学会混凝土及预应力混凝土学会副理事长、国际桥梁协会委员、北京市政府专家顾问，出版和发表了很多关于桥梁设计的译著。

2003年，设计大师王建瑶、李守善推荐孟凡超参加工程勘察设计大师评选。他们认为，孟凡超具备扎实的桥梁理论基础，具有高尚的职业道德，具有很强的技术创新能力和科研水平，是一位具有较高知名度的中青年专家。

孟凡超说，公规院作为一个科技型企业，最大的关注点和兴奋点就是创新。进入21世纪，中国已经成为桥梁建设的中心。时代给我国路桥人提供了机遇，20年前我们还比较陌生的大跨径桥梁，现在做起来已经没有什么障碍。进入新世纪以来，公规院设计的8座世界级大桥都有含金量很高的独特设计和创新技术。

孟凡超在历数我国桥梁设计和建设的创新成果之后，说：“这些创新成果推动了中国桥梁建设的快速发展，为建设2000米以上的大跨径桥梁乃至建设海峡大桥奠定了基础。”

无疑，桥梁设计的创新一定会拉动材料和施工工艺的创新。因此，在整个桥梁创新的链条上，设计创新处于前端。

谈到同世界先进水平的差距，孟凡超认为：“在国际上，我们还缺乏有影响的领军人物；目前也还没有形成一个比较稳定的创新型的设计师群体；而且，走出国门，融入世界桥梁建设舞台的机会也比较少。”

很明显，已经创造了我国桥梁设计辉煌的工程师们，依然任重道远，面前有着广阔的发展空间。

6年前，周海涛从前任院长冯仲异手上接过了接力棒，肩负起传承和创新的重任，他在就职讲话中说："要在院里提倡一种精神，就是对自己对单位对业主负责的精神，只有这样才能在市场经济条件下求生存求发展；我们要建设一个家园，一个幸福美好的家园。为此，我会恪尽职守。"这次讲话，他明确提出了诚信理念和人本理念，这样的理念包含着鲜明的人文精神，熔铸成企业宗旨，就是"业主信赖的伙伴，员工奋斗的乐园。"

周海涛解释说，这是由于我们在市场中的定位而决定的。我们必须把一般的供求关系发展为伙伴关系，发展为可信赖的伙伴关系，去共同完成一个共同的事业，这个事业对于员工来说，就是他们奋斗和发展的平台，就是每个人尽情地发挥聪明才智的乐园。

周海涛就任公规院院长以来，他最大的成功之处就是把公规院的企业宗旨演绎成为一种企业文化，并在企业文化中注入了宽容博大的人文关怀，催生了一整套创新机制，培育了生气勃勃的创新精神，使公规院成为一个诞生奇迹的地方。进入新世纪以来，公规院设计了8座世界级大桥、千余公里高速公路，一批优秀人才在行业中崭露头角。

周海涛是一个很容易让人信任的人。一位交通厅长说过："信任周海涛是一个百分之百的正确选择。"如今，市场经济就是信用经济，信用就像储蓄的零存整取一样，要靠一点儿一点儿地积累，不断地积累信用，就会塑造起品牌的影响力。在市场竞争中，其实对手并不可怕，可怕的是自己失去信用，一次失信会让你成为永远的失败者。在竞争日益激烈的今天，我们面临的挑战越来越多，参与这一场竞争游戏的人谁能够笑到最后？只有坚守信用的人。坚守信用让人享有尊严，心灵净化，人格升华。

在职工代表会上，周海涛引用博弈论中一个经典案例"囚徒困境"，耐人寻味地阐述"非合作博弈"理论，这个关于忠诚和背叛的故事，说明不合作的双方结局都是很糟糕的。他用这样的方式讲诚信，可谓暮鼓晨钟，发人深省。

周海涛对于自己的要求近乎苛刻，出差从来风雨无阻，在路边小摊上吃一碗面条是他的家常便饭。当然，他也用最高的道德标准要求员工，告诫大家不但要讲职业良心，更要讲使命和责任，做业主信赖的工程师。在别人的信赖中体味生命的高贵。为此，公规院完善了一系列制度，如设计代表制度，工程回访制度等等，千方百计保护业主利益。行家反映说："在公规院的图纸上想做猫腻都不可能。"公规院未来发展的目标是清晰的："未来10年，打造国内路桥设计咨询行业第一品牌。"周海涛特别加了一句话的说明："追求利益不是最终目的。"话虽简单，却透着一种胸怀，一种眼光，让人感受到宽阔和深远。

点评

公规院的路桥人走过了56年的历史，56年是一个积累的过程，有技术积累，更有文化和精神的积累，前人的事业不断有后人继承。公规院的路桥人，具有路一样脚踏实地、甘愿奉献的品格；具有桥一般迎风斗浪、不怕困难的意志；这样的文化精神培育的作风是交通行业的财富。

公规院年轻的工程师们在建院50周年之际朗诵诗歌《公规院礼赞》

六、把创造作为幸福和快乐的源泉——“前炒面胡同的人们”

2001年春天，一位夜以继日地进行锡宜路施工图设计的工程师写了一篇散文《东四路口，长明的灯》：“在京华连绵的高楼之中，公规院办公楼并不起眼，但因为那彻夜不灭的灯光而被称为东四路口标志性建筑。”他写道，忘记了白天和黑夜而一心工作着的人们，已经没有了“吃苦”的概念，耳边只有嘀哒作响的时间的脚步声。“在多少个不眠之夜以后，做完最后一遍检查，签上设计者和审核者的名字，拖着疲惫的脚步回家时，走在朝内大街上，仍然忍不住回头看一眼东四路口那几盏长明的灯……”情动于衷而词发。一桩本来很苦很累的事情，在作者笔下竟是如此诗情画意。

在公规院许多堆满设计图纸的办公桌旁，常常伫立着一只旅行箱，不少人的书架上或玻璃板下，还摆放着孩子和妻子的照片。这两个细节引人暇想：男人为了把梦想变成现实，随时准备上路。他们一路奔跑，一路追求。然而不管多累，心中总有一份美丽的牵挂。

（一）印在太行山的足迹——仙神河大桥

副总工程师李正熔的办公室里挂着一幅照片，郁郁葱葱的高山峡谷中，两个距离很近的隧道洞口之间伫立着一座独塔斜拉桥，这座桥叫仙神河大桥，是正在建设的山西晋济高速公路中12座桥梁中的一座。李正熔是晋济路上所有桥梁设计的总负责人。

区域主任齐向军介绍说，这个工程是国家重点公路太原至澳门中的一段，由山西晋城到河南济源（省界），全长30公里。公路穿越太行山，有12座总长近5公里的桥梁，9座（双洞）总长13公里多的隧道。指挥部一项数据显示，在这条路上桥隧工程比例占工程总量的59%。

为了修建30公里的公路，先修通了300多公里施工便道。不同的是，这里的施工便道大多是由盘山道和隧道组成的，所以自然地便成了公路村村通工程的一个组成部分。

平时，工程师们进山工作都是带上午饭，晚上出山。有一次，项目负责人余景顺、齐向军几个人进入无人区踏勘，晚上8点多还不见人影。在大山深处，别说手机，就连卫星定位系统都没有信号。在山外的人干着急。原来他们迷了路，后来是绕到河南济源才走出了大山。工程师们从来到晋城，半夜之前没有睡过觉，天天在几百米的山坡上爬上爬下，每天晚上，都要挑灯夜战。

年轻的设计代表刘刚大学毕业后就来到晋济路，他到设计院一年就入了党。他说，在这里，司机讲的故事经常发生。走进大山，满眼都是悬崖峭壁，沟壑纵横，哪儿有路啊？有段7公里长的无人区，连羊肠小道都没有。

刘刚介绍说，2004年召开专家会议，主管副院长逯一新一行人爬下山谷再也没有返回的力气了，也是绕到河南省，司机才把他们接回来。

这究竟是一项何等复杂和艰巨的工程呢？请看《设计说明书》中的描述：

“路线起点接泽州互通立交，向东设置东耿窑隧道，设置东耿窑特大桥，路线过冶头东，设置苇元隧道、华岭坡大桥和冶头大桥，向南跨越南河，设置后沟河大桥和南河底特大桥……设置岩后隧道、天井观隧道，此后，路线经太平洼东，设置朝阳大桥，朝阳一号隧道、朝阳二号隧道，经七甲坡西，设置七甲坡1、2、3号大桥，跨过西沟，穿过月湖泉山梁，设置西沟特大桥和柿子掌隧道，设置月湖泉特长隧道于仙神河东坡出洞，设置仙神河大桥，设置拍盘隧道直达两省交界设计终点。”

这段满是术语和地名的文字实在枯燥。可除此而外，任何语言都难以反映这项工程的复杂和艰难。设计代表梁利辉熟悉这里的每一个标段，对每一个项目部的施工进展都了然于胸。汽车在盘山道上绕了100多公里，又钻了一条很长的隧道，才到了月湖泉隧道。这个施工场地没有一个足球场大，在这里施工的是中铁12局，一架自制的钢管天梯挂在峭壁上，用来运送物资和人员。站在刚刚贯通的隧道洞口，脚下就是万丈深渊，望下去，在垂直的下方就是仙神桥工地。

从月湖泉隧道到仙神河大桥，垂直距离只有几百米。为了走进那个工地，要再次穿过隧道，再上盘山路，至少绕行了20公里。

仙神河大桥处在无人居住区，壁立

的山峰把这里围成了一个天井，谷底只有一条狭窄的缝隙可以通到河南。在这里施工的是湖南路桥公司，第一个工人是从山上用绳索吊下来的。

这30公里的路，对于规划者、设计者、建设者都是巨大的挑战。公规院目前所拥有的新技术、新设备、新工艺都在晋济路的设计实践中一显身手。在这里，他们不但采用了地质遥感技术，全面勘察了路线通过的地区，还应用了数字化三维建模技术，对设计方案进行了精确的选和优化。

当年，有人认为仙神河大桥设计比较新颖、前卫，会给施工增加困难。指挥部组织专家进行过反复论证，结论是：这个设计方案是科学的、唯一的、不可更改的。

（二）海的情怀——舟山连岛工程

舟山，是我国第一大群岛，地处东南沿海，由1390个岛屿组成，其中住人岛屿103个，常住万人以上的岛屿11个。是我国南北海运和远东国际航线的主要通道之一。

改革开放以来，舟山展开了一项被称为“舟山第二次解放”的浩大工程——舟山连岛工程。副总工程师宋晖在舟山已经坚守了12个年头。今年38岁的宋晖是公规院最年轻的教授级高工。他精干、幽默、思维敏捷。1989年同济大学毕业后进入公规院，1995年主持设计了舟山朱家尖跨海大桥。此后，他又主持设计了舟山新城大桥、桃天门大桥和西堠门大桥。

12年中，宋晖在舟山群岛如鱼得水。他有一个理念：设计者要为业主考虑，和业主、施工单位的一切交往都在阳光下进行，“信用一定要保证。”在桃天门大桥的设计上，宋晖项目组就为业主节省了1200万元投资。宋晖说：“合作10多年，我们用一流的技术和一流的服务树立了公规院的品牌，彼此之间建立了信任。我们已经把根扎在这里了。”

现在，宋晖把回北京习惯地叫做“去北京出差”。当问他常年在外给家庭生活造成的困难时，宋晖只说了一句：“没意识，真的没意识。”对于这类问题，他显得非常超然。

话虽然这么说，但有一次，宋晖还是不经意间流露了他对家的思念。一天中午在饭桌上，宋晖突然说：“在家里，妻子生了小孩，男人的地位就提高了。以前，我在家里还帮帮厨，有了儿子以后，什么家务活都不干了。回家就是看电视。”明显地，他在夸奖妻子。饭桌上有人说，好女人是男人造就的。宋晖坚决地反驳说：“不对，好男人是好女人造就的！”话里的潜台词颇为令人回味。

和宋晖长期搭档的高级工程师许宏亮，名片上赫然印着“浙江省舟山连岛

工程建设指挥部 总工程师 许宏亮”，他的身份由设计者变成了业主。这是一个关于信任和重托的故事。在舟山长期的工作实践中，许宏亮的事业心、责任感深深打动了业主。经过舟山人民政府和公规院领导的多次协商，许宏亮被借调到指挥部任总工程师。这样的信任在业内是少见的。业主对于此事的解释是：“公规院大度，同他们打交道，放心。”当今社会，道德失范、信用式微的事件层出不穷，当诚信成为一种稀缺资源的时候，“大度”和“放心”这几个字，千金难买！

宁波的杭州湾大桥，全长36公里，是沟通环渤海、长江、珠江三角洲的沿海大通道，这个长度使它超过了美国切萨皮克海湾桥和沙特阿拉伯的巴林道堤桥，成为目前世界上最长的跨海大桥。

主持设计杭州湾大桥的副总工程师王仁贵，在院里多次被评为优秀共产党员和先进工作者，15年前就是交通部优秀共产党员，由于他出色的工作，被宁波市政府授予劳动模范称号。他回忆第一次来到杭州湾的情景时说：“这个项目的设计工作是从1999年春节开始，7年多了。当年，第一次来作外业调查，站在一片荒草丛中，面对茫茫大海，脚下是长满芦苇的滩涂，极目远眺是波光粼粼的大海。我们就从调查水文地质资料开始了初步设计工作。”在大桥筹建处进行的“设计和施工组织方案”征集中，公规院夺得第一名。

在杭州湾大桥确定的桥位上，水文、地质条件非常复杂，这给杭州湾大桥的设计者提出了许多尖锐的问题，他们必须在环境、经济、技术等多方面加以综合考虑，这一切，都在挑战设计师们的智慧。

这里，潮差大，流速急，每年八月十五天文大潮时波涛汹涌，排山倒海；

杭州湾大桥

这里工程地质条件极差，在30多公里的海域里，有50米软土层，浅表层还蕴藏着天然气。他们钻探时曾经发生井喷，泥浆喷出30多米高，引燃了天然气，近海变成了一片火海。每年10多次台风，都会影响大桥建设，开工后，已经遭遇多次台风袭击，甚至打掉围堰，海浪漫过大堤，淹掉工地。

在杭州湾大桥上有一个独特的设计：大桥中部设有一个万米海上平台，上边的一组建筑有如矗立在海上的一座电视塔。它通过“桥上架桥”的方式与大桥相连，这在中国建桥史上尚属首创。据设计负责人王伟介绍说：在大桥施工阶段，海上平台将为施工队伍提供生活保障，同时具有救助及管理基地的功能；大桥建成后，它将成为旅游、观光和救援的平台。上面架设观光塔，在塔上凭海临风，鸟瞰大桥雄姿。

王伟是宁波人。他说，在这个设计上他希望体现最完美的人文理念，把这一组建筑设计得像展翅腾飞的大鹏，以寄寓他对家乡的殷切祝福。

杭州湾大桥将于2008年建成通车。据说，浙江省已经向北京奥组委递交了申请，希望马拉松项目能够在这里举行。至少，2008奥运火炬传递也要在杭州湾大桥上跑过。

王梓夫视野开阔，像一个世界著名桥梁数据库。他非常了解国外同行的情况，像丹麦的科威公司、日本的长大公司以及他们的代表作品大贝尔特桥、濑户内海大桥等等。显然，中国这一代桥梁设计师会努力地从世界桥梁的成功经验中汲取营养。

王梓夫有一个和谐美满的家庭。他是个孝子，前几年，他在家乡给父母盖起了新房，装修得不比城里人差，让老人家在乡下过着舒适安逸的晚年生活。

如今，王梓夫生命中的桥梁基因传给了儿子。去年，国民党主席连战参观美术馆，王梓夫念三年级的儿子王凯旋和十多个小朋友正在那里作画。孩子们有的画星星，有的画太阳，王凯旋却画了一座大桥。有人问：“小朋友，你为什么要画大桥呀？”王凯旋自豪地回答：“我爸爸就是做大桥的。”

（三）向世界第一冲刺——苏通大桥

目前在建的苏通大桥，是国家高速公路网中沈阳至海口通道的枢纽工程，全长32.4公里，主跨1088米，预计2008年底建成。苏通大桥建成后将创造最大主跨、最深基础、最高桥塔、最长拉索等4个世界之最，因而备受世界桥梁界瞩目。

苏通大桥的主跨超过了主跨890米的日本多多罗大桥和在建的主跨1018米香港昂船洲大桥，是世界第一主跨；主墩基础高120米，是世界规模最大、入土最深的桥梁桩基础；桥塔是高300.4

晚霞映照苏通大桥

米的混凝土塔，比在建的昂船洲大桥桥塔高6米，为世界最高桥塔；拉索长577米，比多多罗大桥斜拉索长100多米，为世界最长斜拉索。

专家认为，苏通大桥的成功建设，说明我国特大型桥梁的设计、施工和管理水平迈上了一个新台阶，标志着我国21世纪的建桥水平。交通部总工程师凤懋润指出："苏通大桥是我国从桥梁大国向桥梁强国转变的第一个标志性建筑。"

对于中国建桥人来说，南通是一个强国之梦开始的地方。

苏通大桥的桥位区复杂的自然条件是世界建桥史上少有的，这里一年中6级以上大风就有179天；主塔墩处水深超过30米；基岩埋深在270米以下，桩基根本打不到岩石上。当地老百姓称：大桥建设是长江两岸人民的千年梦想。人民代表考察时，写下了"百年夙愿，江上飞虹"的题词。

要在最恶劣的条件下建成世界第一大桥，中国桥梁精英们开始了自我挑战。以公规院为主体和江苏省交通规划设计院、同济大学建筑设计研究院共同组成了苏通大桥设计项目组，总负责人是公规院副院长、总工程师张喜刚。

1983年毕业于同济大学的张喜刚，曾经荣获"茅以升桥梁工程大奖"，是享受政府特殊津贴的桥梁专家。前不久，他被推荐参加"新世纪百千万人才工程国家级人选"，"所在单位意见"这样评价张喜刚：他"具有良好的职业道德和敬业精神，在同行中享有较高声誉和威信，在长期从事桥梁工程设计和科研中积累了丰富的经验，对所从事的专业有深入的研究和独到的见解，具备主持重大工程设计、科研课题和解决疑难问题的能力。"

在苏通大桥设计中，张喜刚和设

计项目组努力体现当今世界现代化桥梁建设的新理念、新技术、新水平。设计力求“技术先进、安全可靠、适用耐久、经济合理、美观协调、富有时代风貌”，将苏通大桥建成一座代表我国21世纪建桥水平的新的人文景观。

为此，四年多的时间里，设计师们兢兢业业，设计一个一流项目，培养一批优秀人才，探索一套先进方法，创新一批领先成果。对此，交通部副部长冯正霖给予高度评价，他说：“苏通大桥设计组在完成好设计任务的同时，也培养了一批桥梁建设的青年专家，带出了一支以中青年技术人员为主体、能打硬仗的中国特大型公路桥梁设计队伍，具有非常好的发展潜力。”

为了克服气象、水文条件复杂，基岩埋藏深，通航标准高等难点，设计组组织了近百次专家咨询、技术考察和交流等活动，整个设计工作得到了业主和著名桥梁专家的肯定。

在苏通大桥设计工作总结表彰大会上，张喜刚讲述了设计师们的感人事迹：“连续刚构桥组分项负责人孔海霞，把孩子从北京转学到南通；基础组分项负责人徐麟，在设计关键时刻，父亲、妻子和孩子同时病倒住院，他都没能回京照料；那期间，高衡的父亲也住院动大手术，不能回家；下部组分项负责人之一华新，一直带病工作，直到病倒住院；组里有的妻子怀孕、孩子出生都不能在身边照料；还有的主动推迟婚期。”

副总工程师袁洪是苏通大桥主要设计者之一，从预工可投标就开始了他在苏通大桥难忘的日日夜夜。他回忆说：“我们曾经推荐过四个桥型方案，由项海帆院士负责进行审查。由于我们和同济大学、江苏省设计院的组合有实力有优势，最后选定我们的方案具有线型漂亮、稳定性好、跨越能力强的优点。”

袁洪以工作作风严谨出名，对于设计图纸一贯要求严格的总工程师张喜刚评价说：“看袁洪的图纸最放心。”

如今，南通人民正喜气洋洋建设苏通大桥。1088，这一组表示大桥主跨长度的数字，在南通成了一个特殊的幸运号码：苏通大桥建设指挥部的门牌号是1088号；指挥部的汽车尾号是苏AS1088；指挥部电话的尾号是1088……

祝福1088，幸运而辉煌的1088！

点评：

在每一个工程设计的现场，公路规划设计院的工程师们都需要克服很多生活和家庭困难：年幼的孩子、怀孕的妻子……几乎每个人都有自己的牵挂。谈到困难，谈到离别，他们没有牢骚怨气，也没有豪言壮语，只是一语带过：“因为我们干上了这一行。”

后 记

事业单位是中国特色的组织机构，是中国经济、社会发展历史进程中的产物。事业行为，企业行为和政府行为是一个密切关联的行为。事业作为社会、经济发展的一个重要组成部分，必然有其理论地位和价值责任，从而产生群体性，组织性的政治道德文化、价值文化。

事业文化和事业单位文化是两个不同的概念。事业单位文化是以事业文化作为基础的，但事业单位文化的范围，事业单位文化的载体和内容要比事业文化宽泛得多。事业单位文化，具有很强的个性化和多样性的特征。

由于交通事业单位历史形成的多元性，行业的多样性，在中国不同历史时期的定位的差别性，加之可供参考的资料不多，给编写交通事业单位文化带来较大的难度。从当前的社会、产业结构来看，行政之中有事业，企业之中有事业，事业之中有企业，事业之中有行政，它们相互关联、相互作用、相互服务，因此，不能生硬地去定义它的结构和行为。本书在编写过程中，参考了交通行业中的行政机关文化、企业文化等方面的文献资料，并以大量的交通事业单位的英雄模范人物和交通事业单位的文化建设成果来体现交通事业文化的共性特点。

尽管交通事业单位的文化建设近几年来有较大的发展，也出现了一批优秀的事业单位文化先进集体和个人，但就交通事业单位文化建设的总体情况看，还存在一些问题。本书编写的目的在于从理论和实践的角度系统阐述交通事业单位文化，通过典型和案例来反映交通事业单位文化价值体系和建设实践，为交通事业单位文化建设提供一部具有借鉴意义的参考读物。

在此感谢交通文化建设研究工作指导委员会、交通文化建设研究工作联络组、交通企业文化课题组、交通运输部科学研究院、交通运输部公路科学研究院、交通运输部水运科学研究院、中交公路规划设计院有限公司、中交水运规划设计院有限公司、山东省交通运输厅、陕西省交通运输厅、中国交通企业管理协会等单位对本书后期完善给予的大力支持。愿本书能给交通事业单位文化建设者们带来启示。

2009年9月

参 考 文 献

事业单位登记登记管理暂行条例. 1998年4月.
交通企业文化. 人民交通出版社，2008年8月.
公路水路交通科技发展战略. 2005年1月.
交通部行政史. 人民交通出版社，2008年5月.
公路水路交通中长期科技发展规划纲要.（2006～2020年）.2006年6月.
埃德加 · H · 沙因.企业文化与领导. 北京:中国友谊出版公司，1998年.
加里 · 胡佛.愿景.北京: 中信出版社，2003年.